Georg Patzer

Einfach badisch!

GEORG PATZER

**40 Einblicke
in die badische Seele**

Einfach
badisch!

 SILBERBURG

© 2019 by Silberburg-Verlag GmbH,
Schweickhardtstraße 5a, D-72072 Tübingen.
Alle Rechte vorbehalten.

Umschlaggestaltung: Björn Locke, Nürtingen.
Satz: Silke Schüler, München.
Redaktion: Matthias Kunstmann, Karlsruhe.

Printed in Slovenia by Florjancic.

ISBN 978-3-8425-2097-4

Ihre Meinung ist wichtig für unsere Verlagsarbeit.
Senden Sie uns Ihre Kritik und Anregungen an
meinung@silberburg.de

Besuchen Sie uns im Internet und entdecken
Sie die Vielfalt unseres Verlagsprogramms:
www.silberburg.de

Inhalt

Liebe Leserinnen, liebe Leser!

Ach, es ist so schön, in Baden zu leben – es ist das sonnigste Land Deutschlands, manche reden schon von der deutschen Toskana. Mit den Worten »Über Baden lacht die Sonne«, beginnt denn auch ein Sprichwort über die Region. Und die Badener verstehen es, das sonnige Klima zu genießen, und dann auch den Spitzenwein, den sie kultivieren, und die phantasiereiche Küche, die zu den besten Deutschlands gehört, selbst das Spaghettieis kommt aus Baden. Dann die vielen Erfindungen – ohne Badener gäbe es heute weder Fahrrad noch Internet. Die schönsten Kirchen, die ältesten Klöster, der größte Fluss, der großartigste Wasserfall und einige der bedeutendsten Den-

Der Triberger Wasserfall im Schwarzwald.

ker – Baden ist so vielfältig, dass man kaum aufhören kann aufzuzählen. Dazu gehört auch der vielgepriesene Liberalismus, in dessen Geist immer wieder von oben, von den Markgrafen und den Großherzögen, regiert wurde, den sich aber auch einige der größten Protest- und Widerstandsbewegungen von unten auf die Fahnen geschrieben haben: Die Bauernkriege begannen hier, die Revolution 1848/49, der Widerstand gegen die Atomkraftwerke in Wyhl und im ganzen Oberrheintal, die einmal geplant waren. Die Gründung der Grünen in Karlsruhe war da nur die logische Folge.

In einem lockeren Streifzug werden in diesem Buch 40 badische Eigenheiten, typische Charakteristika und ausgefallene Begebenheiten geschildert, die badische Geschichte wird erzählt, Bollenhut, Schwarzwaldklinik, Kuckucksuhr und Bambi betrachtet: Dies alles ergibt ein buntes Mosaik, ein kulturelles und historisches Kaleidoskop, auf das Baden stolz sein kann.

Viel Freude bei der Lektüre wünscht
Georg Patzer

Burgruine Hohenbaden.

Gegenüberliegende Seite: Badische Bergstraße: Wein und Rosen – »Gruß an Heidelberg«.

Alemannische Fastnacht

Eine alemannische Fastnacht (oder Fasnet) gibt es eigentlich nicht. Diese »fünfte Jahreszeit« ist etwas, das die Landesteile Schwaben und Baden nicht trennt, sondern vereint: Denn es heißt, fast immer jedenfalls, schwäbisch-alemannische Fastnacht. Nur in manchen Regionen in Südbaden unterschlägt man gern einmal das Schwäbische des Namens. Hier ist man doch noch badischer als anderswo.

Fastnacht hat auch keinen heidnischen Ursprung, wie oft behauptet wird. Es wird nicht der Winter mit Lärm, Musik, Alkohol und Ausgelassenheit ausgetrieben: Fastnacht ist ein christliches Fest, das mit dem Fastnachtsdienstag endet. Am Aschermittwoch beginnt dann die Fastenzeit, die 40 Tage dauert und auf das Osterfest vorbereiten soll. »Fastnacht« deutet an, dass es eine Art Nacht vor dem langen Fasten ist: Sie dauert sechs Tage vom schmutzigen Donnerstag bis Fastnachtsdienstag. Auch der Name für den rheinischen »Karneval« hat mit der Kirche zu tun: Das italienische »carnevale« leitet sich vom kirchenlateinischen »carnis levamen« ab, der »Fleischwegnahme«, denn in der Fastenzeit soll es kein Fleisch, keinen Alkohol, keine Süßigkeiten und keinen Sex geben. Auch deswegen geht es in der »Nacht« vorher hoch her, bevor man enthaltsam wird. Was der Kirche auch nie gefiel, weswegen sie die Ausschweifungen verurteilte. Die Feiernden verkleideten sich daraufhin, damit man sie nicht erkennen konnte, oft als Teufelsgestalten – eine der frühesten Figuren der Fastnacht –, und feierten wegen der häufigen Verbote illegal. Auch der Narr war beliebt, er symbolisierte die Gottesferne, ebenso die »wilden Männer« oder Tierfiguren wie der Villinger »Butzesel«.

Nussschalenhansel mit Streckscheren am »Schellemaendig« in Wolfach.

Da die Fastenzeit viele Metzger und Bauern finanziell schädigte, die auf Fleisch, Fett, Schmalz, Milch, Butter und Eiern sitzen blieben, und weil im Februar immer geschlachtet wurde – bei Kälte hält sich das Fleisch besser –, wurde an Fastnacht umso mehr gegessen und getrunken. Und der Donnerstag war als Schlachttag passend: Freitag fiel aus, da gab es eh nur Fisch. Samstag und Sonntag auch, aus liturgischen Gründen. Fastnachtsmontag oder -dienstag, einen oder zwei Tage vor Beginn der Fastenzeit, zu schlachten, war unsinnig. Also blieb der Donnerstag.

Aber nicht nur das Fleisch musste weg, sondern auch Schmalz, Butter und Eier, und deswegen gab es am Donnerstag vor allem die mit viel Schmalz und Eiern gebackenen Fastnachtskrapfen oder -küchlein. Nicht umsonst heißt deswegen der »schmotzige« (oder »schmutzige«) Donnerstag so: »Schmotz« ist das Fett. Regional unterschiedlich heißt er Schmotziger Dunschtich, Schmotziga Dorschdich oder Dauschtich, Dicker oder Lumpiger Donnerstag oder einfach nur Schmotziga – und der Freitag danach oft Rußiger oder Bromiger Freitag. Gegessen werden Fasnetsküechle oder Fasnachtskiechli aus Hefegebäck oder Krapfen aus Quark-Öl- oder Brandteig: Scherben oder Nonnenfürzle heißen sie.

Im Lauf der Zeit wurde die Fastnacht zu einem Fest der Bürger und Oberschicht, nachdem sie während der Aufklärung in den Ruf gekommen war, »ein primitiver, längst überholter Brauch aus grauer Vorzeit zu sein«, und deshalb nicht mehr gefeiert oder sogar verboten wurde. Ende des 19. Jahrhunderts

Hooriger Bär der Poppelezunft Singen.

11

Schellenberg-
Hexen in Donau-
eschingen.

Gegenüber-
liegende Seite
links: Rägemolli
beim Fackelumzug
der Elzacher
Fasnet.

besannen sich dann die Handwerker und einfachen Leute wieder auf die alte Tradition, es wurde zunächst ausschließlich im eigenen Wohnort gefeiert. Erst Anfang des 20. Jahrhunderts organisierten sich dann die Narrenzünfte in Narrenvereinigungen (heute mehr als 1700). Statt der Prunksitzungen im rheinischen Karneval wird in Baden vor allem auf den Straßen und in Wirtshäusern gefeiert, durch die kleine Gruppen ziehen und ihre »Schnurren« und Geschichten erzählen. Und durch die Narrentreffen werden die Umzüge inzwischen zu schier endlosen Bandwürmern.

Unzählige Fastnachtsmasken und -figuren beleben die närrische Zeit: faltige, böse grinsende Hexen mit Riesennasen und zwei vorstehenden Zähnen, behaarte grimmige Wolfsmenschen, aber auch lächelnde Frauengesichter – aber die meisten sind schon etwas gruselig. Als Teufel tritt beispielsweise der Elzacher Schuttig auf, eine Teufelsfigur, die aus dem mittleren Schwarzwald stammt, in Offenburg oder Triberg ist der Teufel ein Hexenmeister. Narren tummeln sich auf der Baar, die Weißnarren in weißen Gewändern, der Narro aus Villingen als eine der ältesten Fastnachtsfiguren, oder die Hansel in Donaueschingen, Hüfingen und Bräunlingen. Daneben ziehen Blätzle-, Spättle- oder Flecklenarren mit einem »Häs« durch die Straßen, einem Narrenkleid aus alten Stoffresten. Auch die Masken variieren, manche sind aus Stoff, etwa die Blätzlebuebe aus Konstanz, andere aus Holz wie die Schwarzwälder Hanseln in Furtwangen, Gengenbach oder Offenburg, in Wolfach sind sogar Blechlarven mit beweglichem Unterkiefer zu sehen. Daneben gibt es auch Tierdarstellungen wie den »Hoorige Bär« aus Singen, oder »Wilde Leute«, den Welschkornnarro aus Zell am Harmersbach oder den Nussschalenhansele aus Wolfach. In letzter Zeit kommen auch immer mehr Hexen dazu – nicht allen traditionellen Narrenzünften gefällt das.

In manchen Orten wird schon ab dem 11. November gefeiert (vierzig Tage vor Weihnachten), in den meisten aber ab dem 6. Januar, dem Dreikönigstag, an dem die

leute in Überlingen, die in allen Orten unterschiedlichen »Narrensprünge«, das Bräuteln und Bengelreiten, Pflugziehen und Narrensamensäen, die Altweibermühle oder den Brunnensprung – im Lauf der Zeit haben sich viele Bräuche entwickelt, bis hin zu den unterschiedlichen Abschlussritualen wie Scheibenschlagen, Schiiebfüüer, das Ertränken der Fastnacht oder das Begraben.

Masken abgestaubt werden.

Die eigentliche Fastnacht beginnt aber am Schmutzigen Donnerstag. Welche Formen die Fastnacht dann annimmt, ist regional unterschiedlich, und es sind nicht immer die großen fernsehtauglichen Umzüge, die für die Einwohner wichtig sind. So ist zum Beispiel in der Hegau-Gegend das Narrenbaumsetzen ein alter Brauch, bei dem ein mehr als mannshoher, manchmal mit Spiegeln behängter Baum durch den Ort getragen, dann aufgestellt wird. In Wolfach wird der Donnerstag mit dem »Wohlauf«-Ruf frühmorgens begonnen, bei dem die Narren in Zipfelmützen und Nachthemden durch die Stadt laufen und die Einwohner wecken. Es gibt spezielle Tänze und Hüpfrituale wie den Schwertletanz der Reb-

Autos

Ohne Baden gäbe es keine Autos und keine Fahrräder. So einfach ist das. Denn der Erfinder des Fahrrads, Freiherr von Drais, kommt aus Baden, und der Erfinder, na ja – einer der Erfinder des Autos auch: Carl Benz. Die erste längere Fahrt mit einem Auto überhaupt wurde in Baden unternommen, Bertha Benz fuhr von Mannheim nach Pforzheim. Und die erste Tankstelle der Welt war in Wiesloch. Mehr Innovation geht kaum.

Carl Benz 1869.

So begann es: »Ich weiß es noch so gut wie heut«, schreibt Carl Benz (1844–1929) in seinen Erinnerungen: »Es war an einem Silvesterabend. Den letzten Groschen hatten wir bei den langwierigen Versuchen hineingesteckt in den embryonalen Zweitakter. (…) Nach dem Nachtessen sagte meine Frau: ›Wir müssen doch noch einmal hinüber in die Werkstätte und unser Glück versuchen. In mir lockt etwas und lässt mir keine Ruhe.‹ Und wieder stehen wir vor dem Motor wie vor einem großen, schwer enträtselbaren Geheimnis. Mit starken Schlägen pocht das Herz. Ich drehe an. Tät, tät, tät! antwortet die Maschine. In schönem, regelmäßigem Rhythmus lösen die Takte der Zukunftsmusik einander ab. Über

eine Stunde schon lauschen wir tiefergriffen dem einförmigen Gesang.« Der Motor läuft.

Dann muss aber noch ausprobiert werden, ob er auch längere Strecken störungsfrei läuft – bisher sind sie immer nur einmal um den Block gefahren. Dabei trickst seine Frau Bertha (1849–1944) ihn aus: »Ich bin aus Pforzheim und meine Mutter war eine begeisterte Anhängerin von unserem Wagen. Als unsere Söhne Richard und Eugen in den Sommerferien 1888 ankamen, sie wollten mit dem Wagen eine Reise machen, dachte ich, das würde meiner Mutter eine große Freude bereiten, wenn wir sie besuchen. Aber Carl hätte das nie erlaubt. Und so haben die beiden 13- und 15-jährigen Buben und ich eine richtige Verschwörung angezettelt: Früh am Morgen sind wir losgefahren, sodass wir schon stundenweit waren, bis der Papa aufwachte.«

Die erste Fahrt auf der dreirädrigen Maschine (mit lederüberzogener Holzbank und einem eisernen Schwungrad zum Ankurbeln) geht nicht ohne Probleme vonstatten, die die drei aber bravourös meistern: Die verstopfte Benzinleitung stechen sie mit einer Hutnadel frei, mit einem Strumpfband isolieren sie ein Kabel neu. In der Stadt-Apotheke in Wiesloch kaufen sie das Waschbenzin Ligroin, mit dem sie das Auto auftanken – noch bis ins 20. Jahrhundert hinein kann man Benzin nur in Apotheken kaufen. Die Bremsklötze lassen sie mit neuem Leder be-

schlagen, und ein Schmied muss einmal die Antriebskette reparieren. Fast 13 Stunden dauert die 104 Kilometer lange Fahrt quer übers Land nach Pforzheim: auf schlechten Landstraßen, ohne Hinweisschilder. Die Berge hoch müssen sie mit Hilfe von Passanten und Bauern den Wagen auch schon mal schieben. Und überall gibt es ein Riesenaufsehen, als der laute Wagen mit 16 Kilometern in der Stunde durch die Landschaft knattert. Auch wenn die Fahrt nicht ganz reibungslos verläuft, hat Bertha Benz doch bewiesen, dass ein Auto ein praktisches Verkehrsmittel ist und eine gute Investition in die Zukunft.

Carl Friedrich Benz wird 1844 als uneheliches Kind der Dienstmagd Josephine Vaillant und des Lokführers Johann Georg Benz in Mühlburg bei Karlsruhe geboren. Zwei Jahre später stirbt sein Vater an einer Lungenentzündung, die er sich auf der Lokomotive zugezogen hat. 1860 bis 1864 studiert Benz Maschinenbau am Karlsruher Polytechnikum und gründet 1871 mit dem Geld seiner künftigen Frau, die sich ihre Mitgift hat auszahlen lassen, eine Eisengie-

Der Benz Patent-Motorwagen Nr. 3, mit dem Bertha Benz 1888 von Mannheim nach Pforzheim fuhr, war das erste zum Verkauf angebotene Fahrzeug von Benz.

**Bertha Benz
etwa 1871/72.**

ßerei und mechanische Werkstatt in Mannheim. Dort entwickelt er einen verdichtungslosen Zweitakt-, einen leichten Viertaktmotor und den Differential-antrieb. Entwickelt andere Autoteile weiter wie die Achsschenkellenkung, die Zündkerze, die Riemenverschiebung als Kupplung, die Gangschaltung, den Vergaser, den Wasserkühler. 1886 meldet er seinen drei-rädrigen Motorwagen zum Patent an: den Benz Patent-Motorwagen Nummer 1, mit Verbrennungsmotor und elektrischer Zündung. 1888, nach der Probefahrt sei-ner abenteuerlustigen Frau mit dem Patentwagen Nr. 3, zeigt er seine Autos 1889 auf der Weltausstellung in Paris. Vor allem in Frankreich, wo die Straßen besser sind als in Deutschland, verkauft er darauf-hin gut.

**Gegenüber-
liegende Seite:
Die erste
Tankstelle
der Welt: Die
Stadtapotheke von
Wiesloch verkaufte
Kraftstoff.**

1899 wird die Benz & Cie. Rhei-nische Gasmotorenfabrik Mannheim, 1883 gegründet, in eine Aktiengesellschaft umgewandelt (Benz & Cie. AG) und ist schnell die größte Autofabrik der Welt, die Produktion von Lastwa-gen, Stand- und später sogar Flugzeugmotoren kommt dazu. Der Rest ist Geschichte, vor allem, wenn man seine schwäbischen Konkurrenten Gottlieb Daimler (1834–1900) und Wilhelm Maybach (1846–1929) da-zunimmt. Oder Felix Wankel aus Lahr (1902–1988), Kaufmann und autodidaktischer Maschi-nenbauingenieur. Er wird schon 1922 NSDAP-Mitglied, ist zeitweise Gauleiter der Hitlerjugend in Baden und SS-Obersturmbannführer. Als er einmal wegen per-sönlicher Querelen mit dem badischen Gauleiter Robert Wagner inhaftiert wird, be-fiehlt Adolf Hitler persönlich, ihn freizulassen, seine techni-schen Arbeiten seien zu wichtig für Deutschland. Sein Rotations-kolben erleichterte das Funktio-nieren der Verbrennungsmotoren er-heblich. Ab 1954 gelingt ihm dann die Entwicklung des Wankelmotors, zunächst eines Drehkolbenmotors mit Wasserkühlung.

Badisch-Sibirien

Hausmadonna in Buchen.

Nett hört sich das nicht an: Badisch-Sibirien. Dabei ist es eine der schönsten Regionen Badens. Selbst der Spötter Adolf Kußmaul, Arzt und Miterfinder des biederen Herrn Biedermeier, schwärmt von der spärlich besiedelten, lieblichen Region: »Obwohl es ihm nicht an fruchtbarem Gelände und lieblichen Tälern und Höhen fehlt, und die Hügel an Main und Tauber einen guten Wein erzeugen«, dann kommt doch noch ein Aber: »so betrachteten doch viele Beamte diesen Landesteil als das badische Sibirien und sehnten sich wie Verbannte daraus weg.« Dafür gibt es übrigens in den Archiven des Landes kaum einen Beleg. Aber wenn sich mal etwas in den Köpfen festgesetzt hat …

Gegenüberliegende Seite: Im Schüttungsbau in Hardheim, einer historischen Lagerhalle, befindet sich das Heimatmuseum für das Erfatal im östlichen Bauland.

Tatsächlich hat die stürmische Industrialisierung des 19. Jahrhunderts den Odenwald und das Bauland nur gestreift. Was damals vor allem die Armut des Gebiets und die Landflucht verschärft, weil es keine Möglichkeit zum Geldverdienen gibt, bietet heute den großen Vorteil einer intakten Naturlandschaft. Bewaldete Buntsandsteinhöhen und landwirtschaftlich genutzte Flächen wechseln sich ab, und selbst die sind sehr viel-

fältig: Maulbeer- und Mandelbäume, Aprikosen, Kirschen und Pfirsiche prägen etwa die Westseite des Odenwaldes in Richtung Rheintal. Und es ist ein herrlicher Anblick, wenn die Obstbäume an der alten Römerstraße, der »strata montana« oder der Bergstraße, im frühen Frühling schon blühen, während anderswo, vor allem im Herzen des Odenwalds, noch tiefster Winter herrscht. Und da es hier so »idyllisch« ist und Bio in Mode ist, besinnen sich die kleineren Bauern der Gegend auch wieder auf die alten Getreidesorten und haben dem Grünkern und Dinkel wieder zu einem großen Aufschwung verholfen.

»Badisch-Sibirien«: Das ist die Region Badens, die ganz im Nordosten des Landes liegt – so wie Sibirien von Moskau aus gesehen. Im Durchschnitt liegt die Jahrestemperatur um 2 Grad unter der am Oberrhein – in Sibirien ist es auch kälter als im sonstigen Russland. Es ist tiefste Provinz, abseits von Industrie und großen Städten. Dazu gehören das Bauland und der hintere Odenwald, vom »Winterhauch« bis hin zum Erfatal, sowie Teile des Taubergrunds. Und welcher Badener, ab Karlsruhe nach Süden, hat jemals vom Bauland oder dem Winterhauch gehört … Die Gegend besteht aus dem ehemaligen Landkreis Buchen und dem westlichen Teil des ehemaligen Landkreises Tauberbischofsheim – 1973, bei der Kreisreform, wurde der Landkreis Tauberbischofsheim Bestandteil des Main-Tauber-Kreises und gehört damit zum Regierungsbezirk Stuttgart, wurde

also dem badischen Erzfeind, dem Württemberger, zugeschlagen. Dennoch singt man auch hier das Badnerlied, dem die Freudenberger eine eigene Strophe hinzugedichtet haben: »In Freudenberg die Burg stolz grüßt, am steilen Felsenhang, der Main im Tal so ruhig fließt, ja, hier fängt Baden an.«

Wirtschaftlich ist »Badisch-Sibirien« tatsächlich nicht begünstigt: Es ist schon immer dünn besiedelt, mit 127 Einwohnern je Quadratkilometer lebt hier im Neckar-Odenwald-Kreis nur ein Viertel der Bevölkerung des westlich angrenzenden Rhein-Neckar-Kreises. Das Klima ist recht rau und der Boden schlecht und eher unfruchtbar: Sandstein und Muschelkalk prägen die Landschaft, rar sind Löß- oder Lößlehmauflagerungen. So etwas wirkt sich natürlich aus, und selbst die hartgesottenen Germanen und Franken lebten lieber woanders. Zudem war es auch noch Grenzland: Antoninus Pius legt ab 155 den Limes von der Neckar-Odenwald-Linie nach Osten, jetzt liegt das spätere Walldürn direkt an der Grenze zum wilden Germanien. Als die Grenze um 260 nach Westen, an den Rhein, zurückverlegt wird, weil die wilden Alamannen die Römer vertrieben haben, ist Badisch-Sibirien immer noch spärlich bevölkert: Es war einfach nicht attraktiv. Und da hier kaum jemand lebte, gab es auch kaum Straßen. Und da es kaum Straßen gab, wollte da auch niemand leben. Anders als zum Beispiel im Rheintal. Noch im Mittelalter gibt es höchstens ein paar »Stichstraßen«,

etwa durch das Elztal nach Neckarburken und von dort aus weiter nach Osterburken.

Das ändert sich auch nicht groß, als das Kloster Amorbach zwischen 720 und 741 gegründet und zu einem der wichtigsten Klöster Ostfrankens wird, nicht nur spirituell, auch politisch. Es ist so wichtig, dass der Bischof von Würzburg Ende des 10. Jahrhunderts eine Urkunde fälscht, in der Karl der Große das Kloster dem Bistum Würzburg überträgt. 993 bestätigt König Otto dieses Fake, stellt dem Bischof eine neue und nun echte Besitzurkunde aus, Kloster Amorbach und vier weitere Klöster gehören jetzt dem Bistum Würzburg. Das benachbarte Erfatal dem Bistum Mainz, auch dessen Herren waren stets auf ihren Machterhalt bedacht. Das ergab ein kompliziertes Verhältnis. Und das bleibt so: Im 15. Jahrhundert kämpfen die Kurpfalz und die Grafen von Wertheim um dieses Gebiet.

Städte, die dem etwas entgegenzusetzen gehabt hätten, gibt es keine, erst recht keine Hauptstadt.

1803 kommt das Gebiet dann zum Kurfürstentum Baden, das 1806 Großherzogtum wird, man brauchte ja keine Kurfürsten mehr. Dazu zählen das Fürstentum Leiningen, Gebiete der Fürsten und Grafen von Löwenstein-Wertheim, der Freiherren Rüdt von Collenberg, von Gemmingen und von Berlichingen. Aus den Franken sind jetzt Badener geworden. Noch 1911 verteidigt sich der Bürgermeister von Grünsfeld, dass er nach einem Unwetter Truppen aus Würzburg zur Hilfe gerufen hat, mit den Worten: »Wir sind doch Franken und gehören von jeher nach Würzburg; alljährlich im Juli wallen unsere Leute zum Kiliansgrab, und auf der Würzburger Messe kaufen unsere Frauen, was sie brauchen.« Noch heute fühlen sich die Sibirer eher zu Würzburg gehörig, und im badischen Kulturkampf Mitte des 19. Jahrhunderts halten sie eher zur katholischen Kirche als zur badischen Regierung, die die Rechte der Kirche einschränken will. Es kommt sogar fast zu bürgerkriegsähnlichen Zuständen. Lange sind die Badischsibirer eine katholische Minderheit im protestantischen Nordbaden, was man auch an den überall aufgestellten Marienstandbildern sieht. Noch heute übrigens wird alljährlich eine vierwöchige Wallfahrt nach Walldürn organisiert, 120 Gruppen marschieren gemeinsam zum »Blutfeiertag«, bei dem ein Wunderleintuch mit mehreren Bildern Christi gefeiert wird.

Jede Nation hat seine eigene Hymne, in der sie sich selbst feiert. Daneben gibt es auch noch inoffizielle Hymnen, die von der Schönheit des Landes und dem Stolz der Einwohner künden. Auch Baden hat so ein Lied, das immer noch bei vielen Gelegenheiten gesungen wird.

Karlsruher Tor der ehemaligen Festung Rastatt.

»Das schönste Land in Deutschlands Gau'n,
das ist mein Badner Land.
Es ist so herrlich anzuschaun
und ruht in Gottes Hand.«

Diese Strophen kennt jeder Badener, na ja, fast jeder. Zumindest den Refrain:

»Drum grüß ich dich mein Badnerland,
du edle Perl' im deutschen Land, deutschen Land.
frisch auf, frisch auf; frisch auf, frisch auf;
frisch auf, frisch auf mein Badnerland.«

Oder nicht? Dann ist er wohl kein echter Badner. Oder war noch nie bei einem KSC-Spiel. Wie jedes Land hat auch Baden eine inoffizielle Landeshymne. Wann sie genau entstanden ist, weiß man nicht, vermutet wird die Zeit um 1865. Auf jeden Fall nach der gescheiterten Revolution von 1848/49. Die Festung Rastatt, die im Lied erwähnt wird, wurde 1842/43 gebaut: Das Lied entstand also nach diesem Zeitpunkt.

»In Karlsruh' ist die Residenz,
in Mannheim die Fabrik.
In Rastatt ist die Festung
und das ist Badens Glück.«

1849 meutert das Militär in Rastatt, andere Garnisonen schließen sich an: Sie wollen ein demokratisches Heimatland, im Notfall mit Waffengewalt. Der Großherzog ruft die Preußen zu Hilfe, die den badischen Aufstand blutig niederschlagen. Wahrscheinlich ist leider nicht diese Episode gemeint, sondern die bunten und beliebten Militärparaden in der Garnison ab 1860.

Lanz-Werke in Mannheim um 1910: Heinrich Lanz begann 1860 mit einer Reparaturwerkstatt für landwirtschaftliche Maschinen.

Die Strophe

>»Alt-Heidelberg, du feine,
>du Stadt an Ehren reich,
>am Neckar und am Rheine,
>kein' and're kommt dir gleich«

ist mit der ersten Strophe des Lieds »Alt Heidelberg, du feine« identisch: Es stammt aus dem Gedicht »Der Trompeter von Säckingen«, das der Schriftsteller Joseph Victor von Scheffel 1854 geschrieben hat.

In den 1920er-Jahren gibt es sogar Überlegungen, das Badnerlied zu einer offiziellen Landeshymne zu machen – damals ist Baden noch ein eigenes Land. Und in den 1950er-Jahren singen es die Badener, weil sie sich in die Vereinigung mit Württemberg hineingetrickst fühlen: Da sorgt das Badnerlied für einen trotzigen Zusammenhalt gegen die Schwaben. Die kommen sowieso nicht gut weg, sind immer noch das Feindbild:

>»Und wer verrät das Badner Land,
>der wird gleich massakriert,
>der wird wie jener Schwabenfreund
>zum Galgen hingeführt!«,

heißt es zum Beispiel.

Und noch öfter wird der Schwabe beleidigt:

>»Man merkt, dass wir kei' Schwabe sind,
>Und wisst ihr auch warum?
>Mir denke erst und schaffe dann,
>bei de Schwabe isch's andersrum.«

Und noch kräftiger:

>»In Karlsruh' ist der Rhein noch blau,
>In Mannheim wird er grau,
>dort fließt der Neckar in den Rhein,
>die alte Schwabensau.«

Ansonsten ist das Badnerlied eine nette Reise durch das Land, bei der aufgezählt wird, was es Besonderes gibt: die Residenz in Karlsruhe, die Industrie in Mannheim, das Silber in Haslach, der Wein im Breisgau, »schöne Mädchen« im Schwarzwald. Auffällig ist, dass ganze Gebiete fehlen: Odenwald, Bauland, Main-Tauber-Gebiet ebenso wie der Bodensee und der Hochrhein. Dass im Text mit Stereotypen gearbeitet wird, ist klar, es ist ja keine ausgewogene, wissenschaftliche Betrachtung, sondern eine Hymne: Da kann man ruhig etwas übertreiben. Auf jeden Fall kennt jede badische Blaskapelle das Badnerlied, das als Marsch gespielt wird: Emil Dörle aus Herbolzheim komponierte es in den 30er-Jahren als eher unkünstlerisches Stück.

Bambi

Sophia Loren in Karlsruhe? Doch, sie war da, ein Foto von 1961 beweist es: Da steht sie auf dem Balkon des Karlsruher Rathauses und lässt sich von einer großen Fangemeinde feiern. Und bedankt sich artig: »Ich bin sehr glücklich über meinen ersten Bambi. Deutschland hat mich schon immer sehr freundlich aufgenommen. Leider kann ich Ihnen auf Deutsch nicht alles sagen, was ich sagen möchte. Aber eines kann ich sagen: danke, danke!«

Nicht alle Stars, die mit dem Bambi ausgezeichnet wurden, kamen nach Deutschland. Vor allem für die amerikanischen Schauspieler wie Rock Hudson, Tyrone Power, Errol Flynn war der Weg wohl einfach zu weit. In den ersten fünf Jahren wird der Bambi den Gewinnern auch einfach nach Hause geliefert – keine Feier, keine Conférenciers, kein großes Brimborium und natürlich keine Live-Übertragung, das kam alles erst später.

Der Bambi, auch als deutscher Oscar bezeichnet, ist die älteste Filmauszeichnung Deutschlands, heute ein Medien- und Fernsehpreis der Hubert Burda Media. Verliehen wird er an »Menschen mit Visionen und Kreativität, deren herausragende Erfolge und Leistungen sich im ablaufenden Jahr in den Medien widerspiegelten« – das lässt viel offen. Es beginnt 1948: Der Karlsruher Verleger Karl Fritz hat die Idee, die Leser seiner Filmzeitschrift »Film- und Moderevue« darüber abstimmen zu lassen, wer die beliebtesten männlichen und weiblichen Filmschauspieler sind. Es ist die erste Leserumfrage in Nachkriegsdeutschland überhaupt und sie wird ein echter Renner: Die Zuschriften steigern sich von Jahr zu Jahr, bis Hunderttausende mitma-

Marika Rökk gehörte zu den ersten Bambi-Gewinnerinnen in der Kategorie »Beliebteste Darsteller«.

chen. Im ersten Jahr gewinnen Marika Rökk und Stewart Granger, der Preis ist ein weißes Reh aus Keramik. Fritz packt das Keramik-Reh ein, fährt zu Marika Rökk und überreicht ihr die Statuette. Als ihre vierjährige Tochter Gaby das Reh sieht, soll sie gerufen haben: »Oh, das sieht ja aus wie Bambi!« Und damit stand auch der Name fest.

Das Keramik-Reh war damals schon über 10 Jahre alt: Die Heidelberger Bildhauerin Else Bach, auf Tierdarstellungen spezialisiert, modelliert 1936 in der Karlsruher Majolika-Manufaktur über 50 Tierfiguren, eine davon ist dieses Rehkitz. Zur 10. Bambi-Verleihung wird aus der weißen Majolika-Figur ein vergoldetes Reh. Bachs Lehrer, der Bildhauer Emil Sutor hat es neu gestaltet, etwas feiner und edler gemacht.

Im zweiten Jahr der Preisverleihung bekommen Margaret Lockwood und Rudolf Prack den Preis. Lockwood? Die englische Schauspielerin ist heute nur noch Cineasten bekannt, auch wenn sie aufregende und ungewöhnliche Rollen spielte. Bereits Mitte der 50er-Jahre beendet sie ihre Schauspielkarriere. Rudolf Prack dagegen war einer der Stars des deutschen Nachkriegsfilms, vor allem durch seine Rollen in den beliebten Nachkriegsidyllen wie »Schwarzwaldmädel« und »Grün ist die Heide«. Lockwood ist grade auf Theatertournee in England, als sie den Preis in der Pause zwischen Nachmittags- und Abendvorstellung bekommt: »Ich hatte das Glück, bisher drei englische und zwei kanadische Filmpreise zu gewinnen, aber der Bambi ist, finde ich, der netteste von allen. Ich werde ihn immer wie ein Kleinod hüten.«

1950 gibt es eine Überraschung, nicht die alten Schauspielerinnen werden gewählt, sondern eine junge, die 25-jährige Sonja Ziemann, auch sie in Heimatfilmen zu sehen: «Geliebter Schatz« oder »Schwarzwaldmädel«. Der Spiegel schreibt süffisant, es gefalle halt vielen, dass »sie als ›eine von uns‹ weder seelisch unergründlich noch erotisch verwirrend ist. In allen ihren Rollen ist sie munter und frisch gelüftet, alle ihre Filme sind aufs Happy End abonniert: Sonja stirbt nicht, sie holt sich höchstens mal einen Schnupfen.« 1950 gibt es auch eine neue Kategorie: ausländische Schauspieler und Schauspielerinnen. Auch hier gewinnt eine Junge: die 22-jährige Jean Simmons, vor Ingrid Bergman, auch sie heute trotz hoher Qualität kaum noch bekannt. Überraschend sind viele Gewinnerinnen und Gewinner nicht, von Horst Buchholz über Tony Curtis bis Gina Lollobrigida sind (fast) alle dabei.

Der Bambi wird noch heute von der Hubert Burda Media verliehen.

kommen unter anderen Joachim Fuchsberger, Sonja Ziemann und Karlheinz Böhm und sie feiern O. W. Fischer und Maria Schell, deren Filme bei der Gala in Ausschnitten gezeigt werden. 1955 kommt der erste ausländische Star in die Schwarzwaldhalle in Karlsruhe: Jean Marais. Ab jetzt werden auch »die künstlerisch wertvollsten Filme des Jahres« gewürdigt, von 100 Filmkritikern ausgesucht: »08/15«, »Verdammt in alle Ewigkeit«, »Die Faust im Nacken« und »Die letzte Brücke«. Und 1958 gibt es erstmals Preise für die besten Nachwuchsschauspieler, von den Lesern der Zeitschrift »Film-Journal« gewählt: Sabine Sinjen und Hans-Jörg Felmy.

So ist Karlsruhe für eine Weile der Mittelpunkt der Filmwelt. Bis die Karlsruher Presse kritisch über den »selbstherrlichen Auftritt« von Franz Burda berichtet. Der kehrt Karlsruhe dann kurzerhand den Rücken mit der Begründung, die Stadt sei zu provinziell. Die Verleihung wird 1965 nach München verlegt, dem zweiten Sitz des Burda-Verlags, der 1962/63 das Unternehmen (und den Bambi) von Karl Fritz übernommen hat. Sie findet dann in wechselnden Städten statt, 1998 zum 50-jährigen Jubiläum auch wieder in Karlsruhe.

Den Preis gibt es noch heute, er ist mal ein reiner Filmpreis, mal ein kombinierter Film- und Fernsehpreis gewesen. Heute ist der Bambi ein Preis »für die Besten aus Film, Fernsehen, Sport und Gesellschaft«.

Erst 1954 gibt es eine große öffentliche Gala in Karlsruhe. Vor hunderten Prominenten wird der Preis im Badischen Staatstheater verliehen. Zum ersten Fest

Bodensee

Nein, es ist nicht das Schwäbische Meer, auch wenn viele reiche Schwaben ihr Zweitboot dort liegen haben und Schwaben durchaus auch Zugang zum See hat. Es ist der Bodensee, und am schönsten ist er auf der badischen Seite. Die Ausländer wissen das: Bei ihnen heißt er Lac de Constance oder Lago di Costanza. Und Konstanz ist nun mal badisch.

Spaß beiseite: Natürlich ist der Bodensee nicht badisch oder schwäbisch. Nicht alemannisch, schweizerisch oder österreichisch. Und natürlich ist der Obersee schön offen und weit wie ein Meer. Aber der Blick von Allensbach zur Reichenau und zum Schweizer Ufer, die idyllische Höri, die kulturreiche Reichenau, die Pfahlbauten, der kühle Seerhein zwischen Konstanz und dem Untersee – das alles hat doch ein wenig mehr zu bieten als das schwäbische Ufer. Eine gemütliche Tagesradtour kann man auch nur um den Untersee machen … Gut, das wäre also geklärt.

250 Meter tief ist der Obersee, der Überlinger See nur 147 Meter, er wird aber wegen seiner steil abfallenden Ufer gern von Tauchern genutzt – Vorsicht: Mit seinen wechselnden Strömungen und in der Tiefe Temperaturen unter null ist er sehr tückisch. Der südlich davon gelegene Bodanrück hat mehrere spektakuläre Schluchten, vor allem die 100 Meter tiefe Marienschlucht bei der Ruine Kargegg, die Katharinenschlucht und das Echotal bei Stöckenloch. Drei Landschaftsschutzgebiete liegen auf dem Bodanrück und der vorgelagerten Insel Mainau, die den Besuchern eine üppige, wenn auch künstliche Blütenpracht bietet. Überhaupt ist der Bodensee wohl eines der Gebiete Deutschlands mit den meisten Naturschutzgebieten. Sie machen aus dem Bodensee zwar nicht mehr das Naturgewässer, das es einmal war, dennoch bieten sie viele naturnahe Bereiche. Und einige Besonderheiten: die große Waldlandschaft am Bodanrück, den Lungen-Enzian und einige Knabenkraut-Arten im Wollmatinger Ried sowie das Bodensee-Vergissmeinnicht, das an einigen

Besonders in den Bodensee-Häfen ist sie heimisch: die Möwe.

Kalkschotter-Stränden wächst. 412 Vogelarten nisten am Bodensee, überwintern oder machen hier Rast auf ihren Zügen. Bekannt sind vor allem wohl die Bodenseefelchen, wohlschmeckende kleine Fische, die frisch aus dem See auf den Teller kommen.

Gespeist wird der See von vielen Bächen, vor allem aber vom Alpenrhein. Er fließt durch den Bodensee, bei Konstanz wird er wieder zum Fluss – im Sommer kühler als der See und eine willkommene Erfrischung –, fließt durch den Untersee bis Stein am Rhein und zum Rheinfall. Das Klima am See ist durchweg mild, es ermöglicht drei Ernten im Jahr und bringt einen Wein hervor, der so gut ist, dass ihn die Reichenauer lieber selber trinken, als ihn zu verkaufen. Im Frühling und Herbst gibt es sehr dichte Nebel: Da kann man dann schon depressiv werden, wenn man tagelang kein Licht sieht. Nur selten friert der See zu, der Obersee nur dreimal in den letzten 200 Jahren: 1830,

Überlinger See mit Bodman am Bodanrück.

Meersburg am
Bodensee.

1880 und 1963. Der Gnadensee, vom Rhein verschont, zeigt öfter eine so dicke Eisdecke, dass man von Allensbach auf die Reichenau zu Fuß laufen kann und Glühwein- und Bratwurstbuden auf dem Eis aufgebaut werden.

Reich ist der Bodensee nicht nur an Natur, sondern auch an Geschichte und Kultur: Zur Reichenau wird in einem eigenen Kapitel einiges gesagt, hier sei nur kurz auf die älteste romanische Kirche Deutschlands mit einem schönen Fresko und das Benediktinerkloster hingewiesen, das ab dem 8. Jahrhundert eines der geistigen Zentren Europas war. Die Gegend ist so schön, dass die Höri nach einer Legende den Namen von Gott selbst bekam, der, als er die Erschaffung der Welt mit der Höri beendete, gesagt haben soll: »Jetzt hör i uff.« Hermann Hesse ließ sich 1904 hier nieder und baute 1907 sein Haus in Gaienhofen. Auch andere namhafte Künstler zogen an den Bodensee: Erich Heckel, Otto Dix oder der Verleger Curt Weller.

Bodensee-Vergissmeinnicht.

Wollmatinger Ried nahe der Reichenau am Untersee.

Der Schriftsteller Hermann Hesse lebte von 1907 bis 1912 in diesem Haus in Gaienhofen auf der Höri.

In der Nähe von Singen waren auf der Festung Hohentwiel auch die schwäbischen Herzöge beheimatet, irgendwann im 9. Jahrhundert. 1553/1554 bauten sie dort ein Schloss, das später zur Landesfestung und im 18. Jahrhundert zum Staatsgefängnis wurde. Berühmt ist Maggi, 1887 produzierte Julius Maggi in Singen seine Fertigsuppen und die Würze. In Radolfzell, 826 von Ratold von Verona erbaut (cella de Ratold), wurde 1875 die Firma Schiesser gegründet, Deutschlands größte Unterwäschefabrik. Auf der Halbinsel Mettnau östlich von Radolfzell wohnte der Schriftsteller Joseph Victor von Scheffel, der mit seinem »Ekkehard« einen der schönsten Bodenseeromane aller Zeiten geschrieben hat: eine Mönchsgeschichte und eine tragische Liebesgeschichte (erst liebt sie ihn, dann liebt er sie – aber nicht gleichzeitig). Allensbach ist eine alemannische Gründung aus dem 4. Jahrhundert, benannt wurde der kleine Ort nach einem Stammesführer namens Alahol (was nichts mit Alkohol zu tun hat). Bekannt ist Allensbach wohl vor allem durch das Meinungsforschungsinstitut von Elisabeth Noelle-Neumann, die in den 60er-Jahren die Methode der repräsentativen Umfragen in Deutschland einführte.

In Konstanz fand von 1414 bis 1418 das Konzil statt, auf dem das Schisma der katholischen Kirche mit ihren drei Gegenpäpsten beendet und Jan Hus öffentlich verbrannt wurde. Von hier startete 1848 der Heckerzug, um die demokratische Revolution anzutreiben. Der Mystiker Heinrich Seuse, der Reformator Ambrosius Blarer und die Malerin Marie Ellenrieder haben in der größten Stadt am Bodensee gelebt, ebenso der Autor Jakob Picard und der Wissenschaftler Hans Robert Jauß, der an der 1966 gegründeten Reformuniversität Konstanz lehrte.

Ach, wie herzzerreißend schön: Der Maler Hans Hauser verliebt sich auf einem Ball Hals über Kopf in das »Schwarzwaldmädel« Bärbel Riederle. Und fährt ihr hinterher in ihr Heimatdorf, denn: »Mädle aus dem schwarzen Wald, die sind nicht leicht zu habe!« Und dann wird »den beiden bewusst, dass sie füreinander geschaffen sind. Doch bevor das Paar ein gemeinsames Leben beginnen kann, müssen erst ein paar Steine aus dem Weg geschafft werden.« Da kann man ja nur seufzen. Ach, das Schwarzwaldmädel.

Das »Schwarzwaldmädel« ist einer der ersten Nachkriegsfarbfilme und wurde sofort mit dem Bambi des Jahres 1952 »für den geschäftlich erfolgreichsten Film 1951« ausgezeichnet – in Karlsruhe war die Verleihung. Die Berlinerin Sonja Ziemann und die beiden österreichischen Schauspieler Rudolf Prack und Paul Hörbiger spielen den idyllensüchtigen Deutschen, die vor der bitteren Realität und der eigenen Schuld in die heile Welt flüchten wollen, eine Liebesgeschichte vor, in der am Schluss gleich für drei Paare alles gut wird.

Das wäre nicht weiter beachtenswert, wenn sie nicht nebenbei den Bollenhut bekannt gemacht hätten, jenen Strohhut mit den 14 knallroten Bollen. Eine traditionelle Kopfbedeckung, die aber gar nicht so alt ist, wie man annimmt. Erst seit etwa 1800 gehört er zur Tracht der evangelischen Frauen in den drei benachbarten Schwarzwalddörfern Gutach, Kirnbach und Hornberg-Reichenbach im Kinzigtal im Ortenaukreis (die anderen Gemeinden des Kinzigtals sind übrigens katholisch). Er sieht außergewöhnlich aus und sehr dekorativ. Und so hat die Tourismusbranche sich dieses Huts bemächtigt und ihn zu einem Symbol des gesamten Schwarzwalds gemacht.

Der Bollenhut ist aber auch schon vorher überregional bekannt gewesen, wenn auch nicht so berühmt wie ab dem Schwarzwaldmädel-Film. Ab 1820 taucht er schon auf manchen Gemälden und Zeichnun-

Seit 1800 gehört er zur Schwarzwälder Tracht: der Bollenhut.

gen auf, etwa bei Théodore Valerio, der 1841 eine Studienreise durch den Schwarzwald gemacht hat. Oder 1860 im Werk über die Trachten »Paysans badois« des Straßburger Illustrators und Zeichners Charles Lallemand. Und Ludovico Wolfgang Hart machte 1864 Fotos von der Frauen- und auch der inzwischen vergessenen Männertracht. Populär machten die Bollen auch badische Maler wie Wilhelm Hasemann, Curt Liebich und Fritz Reiss, die die Gutacher Künstlerkolonie bildeten. Ihre Bilder waren in Baden so populär, dass der Bollenhut ins öffentliche Bewusstsein rückte. Und schließlich trug auch Großherzogin Luise von Baden so einen Hut, als sie den Schwarzwald in den 1860er-Jahren besuchte.

Nicht immer sind die Bollen rot: Die dürfen nur die unverheirateten Mädchen von der Konfirmation bis zur Hochzeit tragen, die verheirateten Frauen tragen Schwarz. 14 Bollen aus Wolle sind es, in fünf verschiedenen Größen, die auf dem breitkrempigen, weißgekalkten Strohhut sitzen, kreuzförmig angeordnet. Warum gerade vierzehn, ist nicht bekannt. Zwischen 500 Gramm und 2 Kilogramm sind die Hüte schwer und sie werden noch heute von Hutmacherinnen in Handarbeit gefertigt. Dabei ist es gar nicht so schwer, die Bollenhüte zu machen, aber eine langwierige Angelegenheit: Eine Woche etwa dauert es, bis einer fertig ist. Man braucht eine Scheibe aus Karton mit einem Loch in der Mitte, darum wird Wollgarn gewickelt und danach rundherum aufgeschnitten – fertig ist der Bollen. Das vierzehn Mal. Unter dem Bollenhut wird eine seidene Haube getragen, die unter dem Kinn gebunden wird. Kleine Mädchen und alte Frauen tragen nur die Haube. Heute ziehen die Frauen die Tracht mit Bollenhut nur noch an Festtagen und bei Brauchtumsveranstaltungen an.

Im ganzen Schwarzwald ist eine andere Kopfbedeckung verbreitet, die nicht die Karriere des Kinzigtäler Bollenhuts gemacht hat: der Schäppel, eine kostbare Brautkrone. Sie ist bis zu vier Kilogramm schwer und zeigte einmal den Reichtum der Braut beziehungsweise der Brauteltern. So ein Schäppel war mühsam herzustellen und oft sehr teuer und es gab sie in unterschiedlichen Größen – im eher ärmlichen Hotzenwald waren sie nur etwa faustgroß, im fast städtischen St. Georgen hatten sie oft die Größe eines Lampenschirms. Mit Gold- und Silberdraht wurden glänzende Materialien, Glaskugeln, Pailletten, Perlen, Stoffblumen, Schleifchen und Bänder zusammengefügt.

Es gibt auch heute noch Bollenhut- und Schäppelmacherinnen. Einige von ihnen zeigen ihre Kunst im einzigen Freilichtmuseum Badens, im Vogtsbauernhof in Gutach.

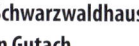

Schwarzwaldhaus in Gutach.

37

Dichter

Baden ist auch eine gute Region für Autoren, jedenfalls hat das Land immer wieder herausragende Autoren beherbergt. Zwar gab es keinen solchen Musenhof wie in Weimar, wo Herder, Schiller, Goethe und der alle überragende Wieland gleichzeitig lebten und arbeiteten – aber den gab es auch außerhalb Weimars nirgendwo. Auch literarische Flüchtlinge hat Baden gern aufgenommen, vielleicht liegt das an der badischen Liberalität. So ist Friedrich Schiller entgegen dem strengen Befehl seines württembergischen Fürsten nach Mannheim gefahren, wo sein erstes Werk, »Die Räuber«, 1782 mit großem Beifall uraufgeführt wird. Dennoch ist er deswegen kein badischer Autor.

Aber die Liste badischer Schriftsteller ist lang. Den wichtigsten Barockroman hat Hans Jakob Christoffel von Grimmelshausen im Renchtal im Ortenaukreis geschrieben. Nach seiner Soldatenzeit im Dreißigjährigen Krieg als Soldat, Schreiber und Kanzleisekretär heiratet er in Offenburg Catharina Henninger und zieht nach Gaisbach, wo er unter anderem eine Gastwirtschaft betreibt, als Burgvogt und Schultheiß fungiert. Und eben diesen großen Roman über den Krieg schreibt, »Der abenteuerliche Simplicissimus Teutsch«, erschienen 1668/69. Ein Roman über das Grauen des Krieges und die Irrungen des Menschen. Für weitere Schriften bedient er sich wechselnder Pseudonyme, Anagramme seines Namens: Melchior Sternfels von Fuchshaim, Simon Leugfrisch von

Hartenfels, Michael Rechulin von Sehmsdorff, Samuel Greifnson von Hirschfeld und noch einige mehr.

Eine hochdramatische und tragische Gestalt ist der Dichter Jakob Michael Reinhold Lenz: Er ist einer der größten Dichter des Sturm und Drang, der mit seinen bösen Dramen »Die Soldaten« und »Der Hofmeister« die verknöcherte Gesell-

Erste Ausgabe des »Simplicissimus« von Grimmelshausen 1669.

schaft sehr scharf kritisiert. In Straßburg trifft er Goethe, korrespondiert mit Herder und Lavater, verliebt sich unglücklich in Goethes ehemalige Sesenheimer Geliebte Friederike Brion, später ebenso unglücklich in Henriette von Oberkirch. Er ist kurz in Weimar, bis er bei Goethes Schwager und Schwester, Johann Georg und Cornelia Schlosser, in Emmendingen unterkommt. Dann wird er verrückt, kein Arzt kann ihm helfen – sein weiteres Schicksal umschreibt Georg Büchner in seiner Novelle »Lenz« mit den trostlosen Worten: »So lebte er hin.«

Eine wichtige Literaturepoche, die Heidelberger Romantik, beginnt 1804, als Clemens Brentano nach Heidelberg geht. Brentano und Achim von Arnim sammeln gemeinsam Volkslieder, bearbeiten sie und geben sie 1806 unter dem Titel »Des Knaben Wunderhorn« heraus.

Nicht weniger einflussreich sind zwei Autoren, die aus Durlach und Graben kommen: Ludwig Eichrodt und Adolf Kußmaul, die beiden spöttischen Erfinder des »Gottlieb Biedermaier«, eines einfachen Landschulmeisters, treuherzig, um nicht zu sagen treudumm: »Der genügsame Biedermaier, dem seine kleine Stube, sein enger Garten, sein unansehnlicher Flecken und das dürftige Los eines verachteten Dorfschulmeisters zu irdischer Glückseligkeit verhelfen.« In satirischen Versen, die die beiden diesem Spießbürger ab 1855 in den Mund legen (veröffentlicht in den Münchner »Fliegenden Blättern«), wird eine Zeit der politischen Abstinenz und des Rückzugs in die Familie parodiert – wie es vor 1848 bei den Bürgern oft der Fall war. Diese Figur, später als »Biedermeier« geschrieben, gibt der Epoche den sprechenden Namen: Bieder ist sie gewesen.

Ein Bestsellerautor von hoher Qualität war Joseph Victor von Scheffel, seine Lieder wurden in allen Studentenkneipen gesungen, »Der Trompeter von Säckingen, ein Sang vom Oberrhein« und der historische Roman »Ekkehard« machen ihn deutschlandweit berühmt.

Nur in Baden berühmt, aber nicht weniger wichtig, ist Pfarrer Heinrich Hansjakob aus Haslach. Mit seinen Heimatromanen macht er sich um die Regionalliteratur verdient, als Abgeordneter im Landesparlament vertritt er vehement seine Ansichten, und als Mitbegründer

Denkmal für Ludwig Eichrodt im Stadtpark Lahr.

Dichter

der ersten badischen Winzergenossenschaft in Hagnau am Bodensee gibt er der solidarischen Landwirtschaft einen entscheidenden Anstoß.

Heinrich Hansjakob, 1837 in Haslach im Kinzigtal geboren, war katholischer Geistlicher, Schriftsteller, Historiker und Politiker. Er schrieb wissenschaftliche Werke, politische Schriften und Reiseberichte. Berühmt wurde er durch seine volkstümlichen Erzählungen und Romane, die im Schwarzwald spielen und sich mit der Mentalität der Menschen in dieser Gegend befassen.

Nach dem Studium von Theologie, Philosophie und Klassischer Philologie in Freiburg wird er 1863 zum Priester geweiht, 1865 promoviert er in Tübingen mit einer historischen Abhandlung über die Grafen von Freiburg. Wegen seiner kritischen Äußerungen über die Kirche und die Regierung wird er mehrmals verhaftet, dann 1869 nach Hagnau strafversetzt, wo er bis 1883 katholischer Pfarrer ist und die Menschen auch bei Krankheiten berät (wie Pfarrer Kneipp in Bad Wörishofen). Von 1871 bis 1881 ist er Abgeordneter der Katholischen Volkspartei im badischen Landtag, 1873 wird er wegen Beleidigung eines Staatsbeamten für sechs Wochen inhaftiert. Auch den Zölibat hält der fast zwei Meter große Mann, der an Don Camillo erinnert, nicht ein – man weiß von vier unehelichen Kindern. 1884 wird er Pfarrer in Freiburg, bis 1913. Seinen Hagnauern setzt er ein schönes schriftstellerisches Denkmal in der dritten Serie der »Schneeballen«-Bücher – »Schneeballen am Bodensee«, wo er von der Hagnauer Bevölkerung erzählt und Anekdoten über Originale wiedergibt.

Auch in der Moderne hat Baden seinen Platz: Der aus Karlsruhe stammende Kunstkritiker Carl Einstein hat entscheidenden Einfluss auf die Entdeckung ethnischer Kunst (durch sein Buch »Negerplastik« von 1915), außerdem hat er einen expressionistischen Roman geschrieben, der Dichter Alfred Mombert hat in Heidelberg mystisch-visionäre Lyrik verfasst. Der Autor und Maler Fritz Mühlenweg fährt von Allensbach in die Mongolei, wo er Sven Hedin auf Expeditionen begleitet, und schreibt in seinem berühmten Kinderbuch »Großer Tiger und Christian« über seine Erfahrungen, Rainer Maria Gerhardt aus Karlsruhe übersetzt Gedichte von Ezra Pound und der amerikanischen Nachkriegsavantgarde, Hans Magnus Enzensberger, der in Heidelberg studierte, macht mit seinen Gedichten und Essays immer wieder Furore … Die Liste ist lang, sehr lang.

Ein Stadtbus in Emmendingen erinnert an den Dichter Jakob Michael Reinhold Lenz.

Gegenüberliegende Seite: Joseph Victor von Scheffels »Trompeter von Säckingen« am Schloss Schönau.

Erfindungen

Badener sind nicht nur Dichter und Denker, sie sind auch Tüftler, Erfinder und Entdecker. Was kommt nicht alles aus dem Ländle: Auto und Fahrrad, der Zeppelin und der Lanz-Bulldog, Uhu und Roth-Händle, Kuckucksuhr und Dauerwelle, Oechsle-Grade, der Ski-Lift und der Einweckgummi.

Manche Erfindungen, die den Alltag erleichtern, haben sich inzwischen derart im Bewusstsein durchgesetzt, dass ein Markenname für die Sache selbst steht. Ein Tempo beispielsweise für ein Papiertaschentuch. Oder Uhu. Berühmt ist noch der uralte Werbespruch: »Im Falle eines Falles klebt Uhu wirklich alles.« Stimmt nicht ganz, aber immerhin hat der Alleskleber Kleister und Knochenleim abgelöst und es den Hausfrauen und Bastelenthusiasten ab 1932 leichter gemacht. Der Apotheker August Fischer, 1869 in Württemberg geboren, übernimmt 1905 die Chemische Fabrik Ludwig Hörth im badischen Bühl, die Tinten, Tuschen, Farbbänder, Stempelkissen, Lacke, Farben und Klebstoffe herstellt. Ab 1924 beginnt er, sich vom umständlich zu verarbeitenden Knochenleim zu lösen, und entwickelt einen klaren Kleber auf Kunstharzbasis, den ersten der Welt. Auf den Namen Uhu kam er, weil es damals schon Marken wie Pelikan (Füller!), Schwan oder Adler (Schreibmaschinen) gab.

Starker Tobak ist eine Erfindung aus dem benachbarten Lahr: Roth-Händle. Im Volksmund heißen die kräftigen Zigaretten auch »Lungentorpedo« oder »Tod-Händle«. Da sie keine inzwischen üblichen Aroma-Zusatzstoffe enthielten, wurden sie als naturrein angepriesen: Heute hätten sie wahrscheinlich ein Bio-Siegel. Und der Tabak kam aus Deutschland, vor allem war es Geudertheimer, den die Holländer nach Mannheim gebracht hatten. Dann noch ohne Filter – das war die klassische Roth-Händle. Und leicht erkennbar war sie auch: schwarze Schrift auf rotem Grund, das leuchtete schon von fern. 1871 hat Jules Schaller in Straßburg die Badische Tabakmanufaktur Roth-Händle GmbH gegründet, 1920 zieht das Werk nach Lahr um, 2007 wird es geschlossen.

Oechsle-Waage.

Eminent wichtig dagegen ist für viele Badener und Nicht-Badener eine andere Erfindung. Der Goldschmied Christian Ferdinand Oechsle aus Baiersbronn-Buhlbach erfindet in Pforzheim eine Goldlegierungswaage, eine Rechenmaschine für Schmuckfabrikanten, ein Knallgasgebläse für Lötarbeiten – insgesamt über 500 praktische Dinge. Das Wichtigste ist aber immer noch die genaue Gradeinteilung auf den Mostwaagen, die auch für den Wein genutzt werden: Mit der Waage kann man den Zuckergehalt präzise ablesen und weiß dann, wie gut der Wein werden wird. Die Mostwaage gab es schon vorher, aber Oechsle hat sie erst zu einem Feinmessgerät entwickelt: Stolz und selbstbewusst nennt er sie jetzt »Oechsle-Waage«.

Leiden musste das Versuchsobjekt bei der nächsten Erfindung, der Dauerwelle. Es war die Freundin des Erfinders Karl Ludwig Nessler, 1872 in Todtnau geboren (er starb 1951), die ihre Haare zur Verfügung stellte, damit ihr späterer Mann experimentieren konnte. Sein Ziel war es, die Haare dauerhaft in Locken zu legen – was auch vielen Frauen gefiel. Nessler bearbeitete mühsam jede einzelne Strähne, wickelte und rollte, verklebte sie mit einer Speziallösung und brannte sie mit einer heißen Zange. Brandblasen an Katharina Laibles Kopf waren die Folge, außerdem verbrannte das Haar. 1906 veröffentlichte er seine Ergebnisse und finanzierte das Herstellen einer Brennzange mit dem Verkauf von künstlichen Augenbrauen und Wimpern, die er auch noch erfunden hatte. Als er berühmt war (und Katharina heiratete), änderte er seinen Namen noch in Nestlé. 1926 trug die »Miss America« die erste Dauerwelle bei diesem Schönheitswettbewerb.

Essen: Dambedei und Bühler Zwetschgen

Dambedei, Hutzelbrot, Springerle, Kirschplotzer, Fotzelschnitte mit Zwetschgenmus, Zwetschgenkuchen, Öpfelkirchle, Ofenschlupfer, Scherben, Strübli, Wähe, Bettelmann, Scheiterhaufen, Nonnenfürzel – die Reihe der badischen Süßspeisen ist sehr lang, auch wenn es das meiste davon auch woanders gibt, natürlich unter anderem Namen. Denn Zwetschgen- oder Pflaumenkuchen kennt jeder Bäcker in ganz Deutschland, und auch den Dambedei gibt es fast überall. Nur dass er anders heißt: Stutenkerl, Weckmann, Klausenmann, Grättimaa, Grittibänz oder Krampus.

Es ist ein nachgebildetes Männchen aus Hefeteig (deswegen heißt es im Fachjargon auch Gebildebrot: quasi ein Bild von einem Brot). Krampus heißt er in Anlehnung an den Krampus (so heißt er in ganz Süddeutschland, im Norden Knecht Ruprecht), der die unartigen Kinder bestraft, während der Nikolaus sie erst ein wenig tadelt und dann mit Süßigkeiten und Geschenken belohnt. Woher der Name Dambedei kommt, weiß man nicht. Oder wie die Etymologen sagen: »Die Herkunft des Wortes ist nicht zweifelsfrei geklärt.« Mehrere Möglichkeiten werden aufgezählt: Es leitet sich vom rätischen Schutzgeist »Tampada« ab; vom Segensspruch »in nomine domini dei« (»im Namen Gottes des Herren«) oder »ad honorem domini dei«, mit dem Weihnachtsgebäck gesegnet wurde, das in der Form eines Christkinds gebacken war; oder aus dem Französischen von »homme petit« (»kleiner Mensch«). Oder vom Dampelhans, dem Trampelhans, und damit von ungeschickten Bäckern, bei denen das Männchen nur grob geformt ist, wie von einem Trampel gemacht. Am wahrscheinlichsten ist ein Dei einfach ein Gebäck – das Wort ist schon im 16. Jahrhundert urkundlich nachweisbar. Jedenfalls ist es ein winterliches

Badischer Dambedei.

Gebäck, das an Nikolaus gegessen wird, im Advent oder direkt zu Weihnachten bis zum Dreikönigstag. Es besteht aus einem süßen Hefeteig (Stuten heißt Hefe) mit Rosinen, manchmal auch Nüssen und Mandeln, die das Gesicht und eine Knopfleiste verzieren, manchmal mit Zucker und einer Pfeife im Mund.

Zum Jahreswechsel wird oft noch in der Nacht die Neujahrsbrezel gegessen oder auch am Neujahrsmorgen verschenkt: Die Neujahrsbrezel ist ein Glücksbringer aus süßem Hefeteig und zählt wegen ihrer vielen verschiedenen Formen zum Gebildebrot: als Baum, Hase, Hirsch, Schwein oder besonders geflochtener Zopf, meist aber als Brezel. Dabei um etliches größer als die normale Salzbrezel, die ja das ganze Jahr über mit Wonne verspeist wird. Auch das Hutzelbrot ist ein adventliches Festtagsgebäck. »Hutzelig« bedeutet runzelig, Hutzeln sind im Dialekt die getrockneten Birnen, die das Brot verfeinern. Später kamen dann auch andere getrocknete Früchte in den Teig wie Pflaumen, Aprikosen, Datteln, Feigen, Rosinen, Orangeat und Zitronat. Oder auch weihnachtliche Gewürze, Rübensirup, Kirschwasser. Letztendlich hat jede Familie ihr traditionelles Rezept.

Auch die Springerle gibt es eigentlich nur in der Adventszeit. Es sind kleine Kunstwerke aus Anis-Eierschaum-Teig mit unterschiedlichen Motiven, manchmal werden sie auch als Schmuck an den Christbaum gehängt. Die reliefartigen Motive bekommen die Plätzchen durch

hölzerne Model, die auf den ausgerollten Teig gedrückt werden. Die ausgeschnittenen Springerle müssen dann etwa 24 Stunden trocknen, dadurch wird das Bild fest und verändert sich beim Backen nicht mehr. Aber »Füßle« oder »Fiaß« müssen dem Anisgebäck im Ofen wachsen, sonst hat der Bäcker was falsch gemacht. Springerle zu machen, ist nicht ganz so einfach und erfordert Zeit, Geduld und Fingerspitzengefühl. Und wenn sie nicht schnell gegessen werden, halten sie auch lange.

Eine badische Delikatesse: Bühler Zwetschgenkuchen.

Den Scheiterhaufen oder Weckauflauf gibt es ebenso in anderen Ländern wie Schwaben oder Niedersachsen. Denn immer mal bleibt etwas Brot oder Toastbrot übrig. Was damit machen? Wegwerfen will man nicht, also macht man ein süßes Resteessen daraus: Dazu wird das Brot angetoastet, mit der Hand flach gedrückt. In eine Masse aus Eiern, Zucker und Vanillemark, Milch und Sahne, geraspelten und gerösteten Mandeln oder Haselnüssen werden die Scheiben getunkt und in eine Backofenform gelegt. Darauf kommen Bananen, Nüsse und Rosinen, und das Ganze schichtweise wie beim Tiramisu. Nach dem Backen etwas abkühlen und fertig ist das mächtige süße Gericht. Dazu Kompott.

Apropos Kompott: Baden ist auch berühmt für sein Obst, wie die Bühler Frühzwetschge: 1840 wurde zufällig der erste Frühzwetschgenbaum auf dem Thesihof von Matthäus Falk in Kappelwindeck »entdeckt«. Die kleine, rundliche, blauviolette Frucht ist leicht säuerlich und das Fleisch lässt

sich gut vom Stein lösen. Die Bauern rundherum haben schnell begriffen, dass sie mit der wohlschmeckenden und robusten »Kappler Zwetschge« – erst rund 30 Jahre später wurde sie in »Bühler Zwetschge« umbenannt – Geld verdienen können: Am 15. August 1884 ließ der Obsthändler Josef Leppert 100 Zentner Zwetschgen mit der Eisenbahn von Bühl nach Köln fahren, in handgeflochtenen Weidenkörben: So kamen sie unversehrt beim Verbraucher an und nebenbei entwickelte sich die Produktion von Weidenkörben. Ab 1920 wurde die Bühler Zwetschge dann in Spankörben transportiert – eine Erfindung von Obsthändler Leppert und Franz Friedrich Geppert. Heute kommen die Bühler gegen die ausländische Konkurrenz nicht mehr an, aber bei Feinschmeckern ist sie immer noch sehr beliebt.

»Nachdem 50 Stück gut ausgewaschen sind, so stelle sie mit kochendem Wasser aufs Feuer, und laß sie vier- bis sechsmal aufkochen, nimm sie wieder vom Feuer, und ziehe alle die Schnecken mit einer Gabel aus dem Häuschen heraus. Schneide jetzt von allen den Schnecken die obere Haut und den unteren kuttlichten Theil davon.« So beginnt das erste gedruckte Schneckenrezept in einem der ersten badischen Kochbücher, 1816 von Josef Stolz geschrieben. Der im selben Jahr auch das erste Rezept mit Tomaten aufschreibt, »Thomat-Aepfel« nennt er sie, »Paradiesäpfel« oder »Liebesäpfel«. Mit den Schnecken jedenfalls sind wir bei der nächsten badischen Spezialität.“

Moment: Schnecken? Das ist doch eine französische Spezialität. Ist es auch. Aber Essen war immer schon international, überschreitet Grenzen. Im Fall Badens war die Grenze der Rhein – wie die Schnecken den Fluss überwunden haben, ist nicht bekannt, aber die badische Küche ist, wie viele andere, auch von ihren Nachbarn geprägt, zu den französischen kommen auch pfälzische und schwäbische Anklänge, zum Beispiel die beliebten Spätzle.

Die badische Küche hat es geschafft, sich zu einer der besten Küchen Deutschlands hochzuarbeiten, unter anderem wegen der guten Qualität und Frische der Zutaten. Das zeigt sich in der hohen Dichte von Sternerestaurants: Allein in der kleinen Gemeinde Baiersbronn gibt es mehrere Restaurants, die ihre Sterne schon viele Jahre halten und in der Zeit hunderte Sterneköche ausgebildet haben, die den Ruhm Badens in alle Welt tragen.

Flädlesuppe.

Die Schnecken also, die aus dem Westen kamen. Die Badener machen aus ihnen ein feines Schneckensüpple: mit Butter und Mehl, Fleischbrühe oder Fischfond und Weißwein, Muskat, Zitronensaft, Salz und Eigelb verquirlt mit saurer Sahne. Die Schnecken werden in dünne Scheiben geschnitten, aber nicht mitgekocht, sondern nur gewärmt. Die Weinbergschnecken soll man allerdings nicht selbst sammeln – sie werden in Farmen gezüchtet, »zur Not aus der Dose«, heißt es manchmal noch. In einem anderen nicht so traditionellen Rezept wird die Suppe mit Lauch und Möhren oder Sellerie, Schalotten, Knoblauch angesetzt und die Schnecken werden kleingehackt.

Eine weitere typisch badische Vorspeise ist die Flädlesuppe (auch Frittaten- oder Pfannkuchensuppe), bei der Pfannkuchenstreifen in eine Rindfleischbrühe gegeben werden. Auch die Rautenform ist bekannt – dann ist es ein jüdisches Gericht namens »Fanzelsuppe«. Auch die

Flädlesuppe könnte aus Frankreich kommen, dort gibt es sie als Consommé Célestine mit frischgehackten Kräutern. Eine andere traditionelle Suppeneinlage sind die Riebele: körnchengroße, geriebene, in Brösel zerkleinerte Nudelteigstückchen.

Die klassischen Hauptgerichte sind eher fleischlastig: die badische Ochsenbrust, der Fleischsalat oder das Schäufele, das ist eine gepökelte oder geräucherte Schweineschulter, die aussieht wie eine Schaufel, eine kleine Schaufel, denn das -le ist (ebenso wie -li, -lein und chen) in Baden und Schwaben die Verkleinerungsform. Rehrücken und Wildgulasch haben eine lange Tradition wegen des wildreichen Schwarzwalds, auch wenn die Jagd viele Jahrhunderte dem Adel vorbehalten war – es wurde halt gewildert.

Der Sulz hat zum Teil eher einen »ökologischen« Ursprung, denn man wollte nichts verkommen lassen, und so werden geröstete Innereien, speziell der Vormagen, der Pansen vom Rind oder Kalb, auch gegessen. Die Kutteln sind billig, werden meist in Streifen geschnitten, müssen allerdings, bevor sie essbar sind, lange gewässert, anschließend etwa zehn Stunden in Salzwasser (oft mit ein wenig Essig) gegart werden – der Name Sulz kommt von ebendiesem Salz. Witzigerweise gelten Kutteln in einigen Regionen, zum Beispiel im Markgräflerland, nicht als Fleisch, können also auch am Freitag serviert werden.

Zum Sulz, mit trockenem Weißwein, Zwiebeln, Knoblauch und Kräutern gekocht, passen gut Brägele (Bratkartoffeln) oder Bauernbrot. Zu anderen badischen Gerichten gibt es unter anderem Knöpfle (knopfförmige Spätzle), Bibeleskäs (Kräuterquark), in der Pfanne angebratene Bube- oder Buebespitzle oder Schupfnudeln aus Kartoffeln und oft mit Krautbeilage oder, ebenfalls mit den schwäbischen Nachbarn geteilt und eventuell aus Italien importiert, gefüllte Maultaschen. Hinzu kommt der Kartoffelsalat, der auch regional unterschiedlich gemacht wird: in Baden meist mit warmer Fleischbrühe.

Eine alte badische Spezialität ist inzwischen fast ausgestorben: der Flusskrebs. Mit der Verschmutzung und der Begradigung der Flüsse verschwand er, und die regionalen Köche ersetzten ihn durch Hummer und Langusten, die mit Eisenbahn und Kühllastwägen auch über weite Strecken transportiert werden konnten: Ab den 1880er-Jahren lösten sie den einheimischen Flusskrebs als Delikatesse ab.

Essen: Spargel und Schwarzwälder Schinken

Und dann natürlich der Spargel, eine mühsame Angelegenheit – nicht für die, die ihn essen, denn guter Spargel ist natürlich zart. Aber für die Bauern, denn die Erde um diese leckeren Stangen muss immer wieder angehäufelt werden, damit sie schön dick und saftig werden. Spargel gibt es natürlich in fast ganz Deutschland, aber einer der ersten wird Jahr für Jahr tatsächlich am Oberrhein gestochen, und auf diesen Termin freuen sich alle Feinschmecker.

Wo der beste herkommt, ist wohl Geschmackssache, aber im deutschen Südwesten trumpft man mit Jahrhunderte langer Erfahrung: Wie so viel anderes ist auch der Spargel zunächst als Medikament bekannt, Mönche kultivieren ihn im Klostergarten, als harntreibendes Mittel, aber auch als Aphrodisiakum (nicht für die Mönche). 1565 wird der erste »richtige« Spargelanbau in Deutschland, im Lustgarten Stuttgarts, urkundlich erwähnt. Kurfürst Carl Ludwig von der Pfalz lässt 1668 erstmals im Schlossgarten von Schwetzingen Spargel anbauen, natürlich nur für seinen Teller. 1778 gerät der Anbau nahezu in Vergessenheit, erst Gartendirektor Johann Michael Zeyher lässt die Tradition 1820 wieder aufleben und pflanzt erneut Spargel im Garten des Schwetzinger Schlosses. Um 1850 bauen die ersten Bauern das Gemüse auch auf ihren Feldern an, und 1853 gründen sie die weltweit erste Spargelgenossenschaft. Der Unternehmer Max Bassermann legt ab 1871 in

Denkmal für die Spargelfrau auf dem Schlossplatz in Schwetzingen.

Gegenüberliegende Seite: Ein badisches »Nationalgericht«: Spargel mit Schinken und Kartoffeln und einer reichhaltigen Sauce Hollandaise.

Inzwischen hat sich auch die Tourismusbranche des Spargels angenommen und eine »Spargelstraße« von Schwetzingen in den Süden etabliert, mit Spargelfesten und Spargelspezialitäten. »Königliches Gemüse«, »Frühlingsluft in Stangen« oder »essbares Elfenbein« – das sind nur einige der Werbesprüche für das gesunde Gemüse. In Schwetzingen wird der Spargel ganz besonders gefeiert: Von Ende April bis Johannis am 24. Juni kredenzen die lokalen Restaurants ihre Köstlichkeiten rund um den berühmten Schwetzinger Spargel.

Möglichkeiten, Spargel zuzubereiten, gibt es genug, der Phantasie sind keine Grenzen gesetzt: vom einfachen Rezept für Spargel-Flammkuchen über gratinierten Lachs-Spargel, Spargelsalat oder gebratenen Spargel, Spargelcremesuppe bis zu knusprigem Spargel im Teigmantel. Oder Spargelsalat mit Erdbeeren, Spargelquiche mit Rucola … Der Klassiker ist immer

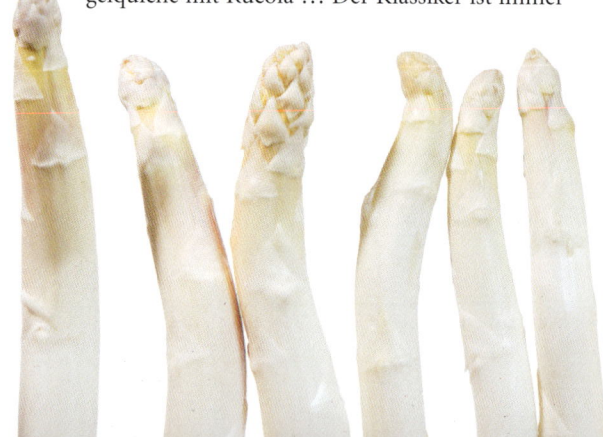

Schwetzingen erste Großkulturen an und verarbeitet den Spargel in seiner Konservenfabrik: für einen ganzjährigen Absatz und zu Preisen, die sich auch der normale Esser leisten konnte. 1894 eröffnet ein Spargelmarkt unter den Kastanien auf dem Schlossplatz in Schwetzingen, den es noch heute gibt. Hofgärtner Gustav Adolph Unselt und sein Nachfolger Franz Böhne züchten ab der Jahrhundertwende ertragreiche Spargelsorten, den »Schwetzinger Meisterschuss« und den »Lucullus« – damit war Schwetzingen endgültig Spargelhauptstadt geworden.

In Nordbaden strecken die Spargel besonders früh ihre zarten Köpfe aus dem Boden.

Essen: Spargel und Schwarzwälder Schinken

noch Spargel mit Schinken. Dazu kocht man den gewaschenen und geputzten Spargel in einem Sud aus Spargelschalen, Zitronenscheiben und Zucker (oder ohne) in reichlich Salzwasser, legt auf einem Teller Schinkenscheiben über den knackig weich gekochten Spargel und gießt, wenn man mag, eine Sauce hollandaise darüber. In Butter geschwenkte Kartoffeln passen gut dazu.

Womit wir bei einer der leckersten Spezialitäten Badens sind, dem dunklen Schwarzwälder Schinken. Der passt nicht nur hauchdünn geschnitten auf den Spargel, sondern auch aufs Brot. Oder ohne Brot. Gern gegessen wird er bei der badischen Vesper (Veschpa), eine deftige Mahlzeit zwischendurch. Auf einen echten Schwarzwälder Schinken muss man allerdings warten können. Denn je länger er Zeit zum Reifen hat, desto besser entwickelt sich sein delikates Aroma.

Er unterliegt inzwischen strengen regionalen Bestimmungen. Zuerst wird er gepökelt, dabei werden ausgesuchte Stücke von der schweinischen Hinterkeule mit Salz oder Salzlake eingerieben, dann liegt die Keule ein paar Wochen in der Lake: Das gibt die appetitliche, rote Farbe. Und weil dabei dem Fleisch Wasser entzogen wird, bleibt es lange haltbar. Danach wird er mit Pfeffer, Wacholder, Knoblauch oder Koriander gewürzt, je-

der Räucherer hat seine eigene Mischung, manche sind Familiengeheimnisse. Dann wird er für eine längere Zeit (wieder: Familienrezepte) in die gute Schwarzwälder Luft gehängt und mindestens eine Woche lang über Tannen- und Buchenholz geräuchert. Zum Nachreifen muss er dann trocken gelagert werden. Jetzt erst hat er sein rauchiges Aroma und seinen herzhaften Geschmack, ist würzig und fein gleichzeitig. Seit 1989 gibt es sogar einen Schutzverband der Schwarzwälder Schinkenhersteller, der über die Reinheit der Schinken wacht: Die geschützte Marke muss im Schwarzwald hergestellt werden – die Schweine selbst können aus anderen Gegenden kommen, so viele Schweine, wie Schinken gegessen wird, gibt es im Schwarzwald nicht.

Fahrrad

Nein, das Pferd haben die Badener nicht erfunden, auch nicht Postkutsche und Eisenbahn. Aber das Auto und das Fahrrad, also den Individualverkehr. 1817 unternimmt Karl Friedrich Christian Ludwig Freiherr Drais von Sauerbronn, kurz Karl von Drais, mit seinem Laufrad, später auch Draisine genannt, die erste Probefahrt von seinem Haus in Mannheim (M 1, 8) zum etwa 7 Kilometer entfernten Schwetzinger Relaishaus (da wurden die Pferde für die Kutschen gewechselt) im heutigen Mannheimer Stadtteil Rheinau.

Eine knappe Stunde braucht er für Hin- und Rückweg: Es gibt ja noch keine Radwege, am Rad keine Übersetzung und keine Gangschaltung. Die Räder sind aus Holz ohne Federung, der Fahrer muss sich mit den Füßen abstoßen und das Fahrrad wiegt 25 kg: kein Aluminium, keine Leichtbauweise. Eine Stunde für diese Strecke – das ergibt immerhin eine Durchschnittsgeschwindigkeit von etwa 15 Kilometer in der Stunde.

Mit seiner zweiten größeren Ausfahrt wird das Werbegenie weltberühmt: Von Gernsbach fährt er über den steilen Berg nach Baden-Baden, wo sich die Prominenz der Welt zur Sommerfrische trifft. Das »Badwochenblatt« vom 29. Juli 1817 schreibt: »Der Freyherr Karl von Drais, welcher nach glaubwürdigen Zeugnissen, Donnerstag den 12ten Juny d. J. mit der neuesten Gattung der von ihm er-

Original-Draisine von 1817 im Deutschen Museum München.

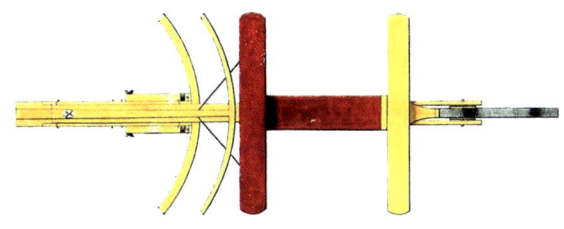

fundenen Fahrmaschinen ohne Pferd von Mannheim bis an das Schwetzinger Rebenhaus und wieder zurück, also 4 Poststunden Wegs in einer Stunde Zeit gefahren ist, hat mit der nemlichen Maschine den steilen, zwey Stunden betragenden Gebirgsweg von Gernsbach hieher in ungefähr einer Stunde zurückgelegt, und auch hier mehrere Kunstliebhaber von der großen Schnelligkeit dieser sehr interessanten Fahrmaschine überzeugt.«

Karl von Drais war eine schillernde Persönlichkeit mit einem krummen Lebensweg. Und ein leidenschaftlicher Erfinder: Neben dem Fahrrad dachte er sich eine Schreibmaschine aus, ein neues Rechensystem, einen Klavierrekorder, einen Herd mit Kochkiste, der Energie spart. Einen Ofen mit Röhrenabzug, ein Periskop, eine »Verwandlungs-Maschine« für Geometer, eine Tabakpfeife mit Kühlung, und er entwickelte ein binäres Zahlensystem.

Geboren ist er 1785 in Karlsruhe, sein Vater war Oberhofrichter, der amtierende Markgraf Karl Friedrich sein Taufpate. Drais studiert zunächst in Heidelberg Baukunst, Landwirtschaft und Physik, wird dann Forstlehrer in Schwetzingen, danach badischer Forstmeister. Aber hauptsächlich ist er ein Tüftler, der sein Amt nicht ausfüllt. 1811 lässt er sich freistellen, 1818 frühpensionieren. Großherzog Karl ernennt ihn sogar zum Professor für Mechanik, sein Gehalt als Förster bekommt er weiter, eine Art Stipendium für seine Erfindungen.

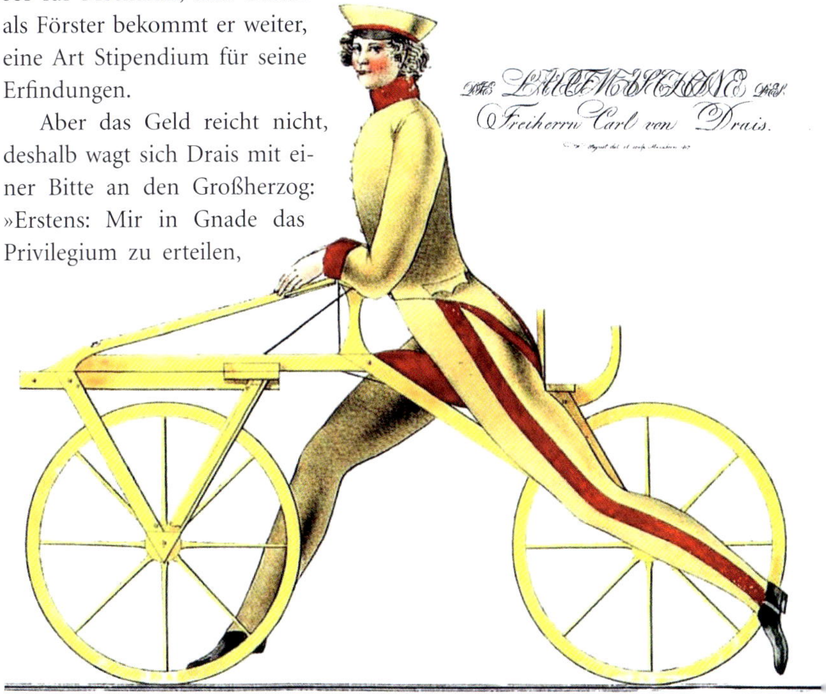

Aber das Geld reicht nicht, deshalb wagt sich Drais mit einer Bitte an den Großherzog: »Erstens: Mir in Gnade das Privilegium zu erteilen,

Karl von Drais' Patentschrift für seine Laufmaschine 1817.

dass innerhalb der nächsten zehn Jahre bloße der von mir erkaufte Gebrauch der Maschinen gestattet werde. Zweitens: Mir zu schnellern Ausführung eines noch vollkommeneren und schönen Exemplars meiner Erfindung eine Geldunterstützung gnädigst zu verleihen.« Der Großherzog lässt seinen Oberbaudirektor Friedrich Weinbrenner und den Ingenieur Johann Gottfried Tulla ein Gutachten erstellen, das negativ ausfällt: Sie meinen, dass »diese Fahrmaschine wohl nicht von großer Erheblichkeit und Nutzen sein« möchte, »weil jedermann, der Füße hat, dieselben für eine Ortsveränderung weit besser auf eine natürliche Art gebrauchen kann«.

Der weitere »Siegeszug« des Fahrrads ist dann auch holprig. Zwar hat Drais ein »Privileg des Großherzogs«, eine Art Patent, aber das gilt nur in Baden (später bekommt er es auch

Grabmal für Karl von Drais auf dem Hauptfriedhof Karlsruhe.

für Preußen und Frankreich) – überall sonst wird seine Erfindung einfach nachgebaut. Da sich aber viele Radfahrer auf den plattenbelegten und deswegen gut befahrbaren Gehwegen rüpelhaft benehmen, wird zum Beispiel in Mannheim das Radfahren schnell wieder verboten.

Und auch Drais' Leben war nicht einfach: 1820 verurteilt sein Vater den radikalen Burschenschafter Karl Ludwig Sand, der den antinapoleonischen Schriftsteller August von Kotzebue ermordet hat, zum Tode. Er und sein Sohn werden daraufhin so massiv bedroht, dass Karl von Drais 1821 nach Brasilien auswandert und erst 1827 zurückkehrt. 1838 entgeht er nur knapp einem Attentat und flieht in den Odenwald. Er engagiert sich für die Demokratie, verzichtet 1849, nach der Revolution, auf seinen Adelstitel und die damit verbundenen Rechte: »Bürger Karl Drais« will er sein. Als die Preußen den Aufstand blutig niederschlagen, entziehen sie ihm seine Beamtenpension und bedrohen ihn mit Entmündigung. Drais stirbt zwei Jahre später verarmt in Karlsruhe. Erst zwei Jahrzehnte später, als auch die Straßen gut mit dem Rad befahrbar sind, beginnt das Rad zu boomen: Als 1867 auf der Pariser Weltausstellung das »Vélocipède« des französischen Kutschenbauers Pierre Michaux gezeigt wird, erregt es großes Aufsehen. 1868 gibt es schon die ersten Eisenspeichen, das Hochrad wird entwickelt, der Kettenantrieb und sogar aufpumpbare Luftreifen. Um 1900 sieht das Fahrrad fast schon so aus wie heute.

Freiburger Münster

»Und Freiburg wird wohl der schönste Turm auf Erden bleiben«, sagte 1869 der Kunsthistoriker Jacob Burckhardt. Ob man ihm zustimmen mag oder nicht: Das Freiburger Münster ist wirklich eine der schönsten Kirchen Europas.

Die großen Kirchen sind nicht nur Orte des Gebets und der Einkehr, nicht nur Zeichen der Pracht, Macht und des Reichtums seiner Bauherren und Auftraggeber. Sie sind auch Ausdruck hochentwickelter Kunstformen, der Architektur, der bildenden Kunst, und der Wissenschaft, nämlich der angewandten Mathematik und Physik (Statik). Besonders beeindruckend zu sehen vor allem in den großen Kathedralen, nördlich der Alpen am schönsten in Straßburg, Freiburg und Ulm.

Lange hat es in Freiburg gedauert, über dreihundert Jahre wird an der Kirche gebaut, von ungefähr 1200 bis 1536. Ursprünglich sollte das Münster als Grabstätte dienen: Der Zähringer Berthold V. wollte nach seinem Tod nicht, wie seine Vorgänger, im Hauskloster St. Peter, sondern in einem repräsentativen Bau liegen. Zudem war Freiburg sehr gewachsen, die Pfarrkirche von 1120 aus der Zeit der Stadtgründung war längst zu klein geworden. Und auch der Münsterplatz, auf dem die erste Kirche stand – für die Vergrößerung des Platzes rissen die Bürger eine ganze Reihe von Häusern ab. Nicht übrigens die alte Kirche, praktischerweise wird sie zunächst weiter benutzt und schrittweise durch neuere Teile ersetzt, sodass sie nach und nach ausgetauscht wird, bis sie am Schluss verschwindet. Zum Glück: Denn sonst hätten die Freiburger 300 Jahre keine Kirche gehabt.

Freiburger Münsterturm.

Im spätromanischen Stil wird der Bau des Münsters begonnen. Wenig später ändert sich der Geschmack, es wird gotisch weitergebaut. Etwa 1235 beginnt man mit dem Kirchenschiff und orientiert sich dabei am Straßburger Münster, einer der prächtigsten gotischen Kirchen überhaupt. Es ist ja auch nicht weit und ein passendes Vorbild für die Freiburger: Das mit dem 142 Meter hohen Turm höchste Bauwerk der damaligen Welt ist noch heute von der anderen Seite des Rheins und vom Schwarzwald aus bei gutem Wetter mit bloßen Augen zu sehen.

In Freiburg werden dann auch einfach die Pläne des Straßburger Münsters übernommen, aber nicht die Baumeister, was die Sache deutlich vereinfacht hätte. Mehrere Baumeister waren tätig, manches, wie der 116 Meter hohe Turm des Münsters, wurde in Etappen vollen-

Tympanon in der Vorhalle des Freiburger Münsters.

det: entworfen von Erwin von Steinbach, der »diß Jahr das Münster zu Straßburg fertig gemacht, den Riß zu dißem (Thann) auch gemacht haben wie auch zu Freyburg«, wie es 1275 in der Chronik von Thann des Franziskanermönchs Malachias Tschamser heißt. 1291 wird der Glockenstuhl zunächst freistehend aufgesetzt, erst später fest gemauert, dann kommen auch die Glocken, aus der alten Kirche, etwa 1340. 1320 ist auch das Langhaus fertig. 1348 kommt Johannes von Gmünd (»diener und werkmeister des nuwen chores und des buwes desselben gotzhauses zuo ünsrer frauen münster«) und baut den großen Chor in spätgotischem Stil.

Zwischen 1280 und 1290 gestalten verschiedene Bildhauer die prächtigen Bildnisse der Vorhalle im Untergeschoss des Westturms, die die christliche Heilsgeschichte, von Adam bis Christus, erzählen: Als Kind auf Marias Armen ist der Erlöser zu sehen, am Kreuz und schließlich als Richter beim Jüngsten Gericht. Neben einer Waage, auf der die Seelen gewogen werden, sitzt ein kleiner Teufel und ringt seine Hände, weil er schon wieder leer ausgeht: Die Seele ist nämlich leicht, sodass sie in den Himmel schwebt. Zu sehen sind auch allegorische Figuren wie die klugen und die törichten Jungfrauen, die nackte Wollust und der Teufel, die Heiligen und die sieben freien Künste.

Ab dem 14. Jahrhundert behindert ein einschneidendes Ereignis sehr lange den Bau: Die Freiburger kaufen sich von den Grafen von Freiburg, die die Zähringer beerbt hatten, frei. Es kommt immer wieder zu Streitereien, bis 1366 Graf Egino »mit seiner Statt in eine solche grosse vneinigkeit« kommt, »dass er im Mertzen mit seinen Freunden (…) bey nacht die Statt wolt vberfallen«. Ein Bettler verrät den Plan, Freiburg bewaffnet und verteidigt sich und stürmt sogar Eginos Burg. Der Graf muss abdanken, die Freiburger unterstellen sich dem Schutz des Kaisers, wofür sie »jm vnnd seinen hel-

fern zwentzig tausent marck silbers« zahlen und ihm die Herrschaft Badenweiler kaufen. Das war das Ende der Grafen von Freiburg.

Aber das war viel Geld, für die Fertigstellung des Münsters war nichts mehr übrig: Fast ein Jahrhundert liegt die Baustelle brach. Erst 1471 spenden die Bürger und Kaufleute, was sie können, und leisten sich mit dem Grazer Hans Niesenberger einen neuen Baumeister. 1494 wird mit der Verglasung des Hochchorfensters begonnen, der Hochchor wird 1513 geweiht. Drei Jahre später ist der riesige Hochalter fertig, ab 1512 von Hans Baldung Grien gemalt. Wenn er zu Weihnachten aufgeklappt wird, zeigt er Mariä Verkündigung, die Heimsuchung, Jesu Geburt und die Flucht nach Ägypten. An den anderen Tagen sieht man Marias Krönung mit den zwölf Aposteln rechts und links und auf der Rückseite die Kreuzigung, bei der sich Hans Baldung als Knecht mit ins Bild gemalt hat. Dazu kommt später noch ein Altar von Hans Hol-

bein dem Jüngeren in einer der zehn Chorkapellen. 1536 ist dann auch die Sakristei vollendet. Und damit ist, nach 336 Jahren, das Münster endlich fertig.

Hochaltar von Hans Baldung Grien.

Gelehrte

Schon immer war Baden eine Hochburg für Gelehrte. Von denen der Pfahlbauten weiß man leider nichts mehr, und auch von der Zeit der Römer und Alemannen ist nichts bekannt. Aber dann. 724 gründet Pirminius das Kloster Reichenau, das neben St. Gallen und Fulda zu den bedeutendsten Klöstern der karolingischen Zeit zählt: Buchillustrationen und Handwerkskunst werden noch heute bewundert, und die Klosterschule brachte Männer hervor wie Hermann den Lahmen, den größten Universalgelehrten seiner Zeit.

Der Humanist Erasmus von Rotterdam lebte 1529 bis 1531 in Freiburg im Haus zum Walfisch (Foto um 1890).

Gegenüberliegende Seite: Denkmal für den humanistischen Gelehrten Johannes Reuchlin in Pforzheim.

Der Mönch war als Gelähmter zeitlebens an einen Tragstuhl gebunden, konnte kaum verständlich sprechen und musste seine Werke diktieren. Dennoch leistete er als Theologe, Astronom, Mathematiker, Geschichtsschreiber und Musiker viel: Er komponierte Kirchenlieder, verfasste eine Weltchronik, war Lehrer in der Klosterschule, schrieb eine Anleitung für den Abacus und korrigierte die Berechnung des Kalenderjahrs. Er führte Astrolabien in den christlichen Kulturkreis ein und verfeinerte sie, schrieb ein Lehrbuch der Zeiterrechnung, den »Computus Augiensis«, entwickelte als einer der ersten ein Notationssysteme für Töne und Tonfolge und vertonte eigene Dichtungen.

Ein paar Jahrhunderte später dominieren die Humanisten die Debatten in Deutschland. Pforzheim und Freiburg sind zwei der bedeutendsten Zentren, wo einige der wichtigsten leben und lehren: etwa Erasmus von Rotterdam, Johannes Reuchlin, Philipp Melanchthon, Otmar Nachtgall, Ludwig Bär, Martin Waldseemüller. Erasmus von Rotterdam, einer der größten Geister jener Epoche, lebt von 1529 bis 1531 in Freiburg, wo er viele seiner Schriften publiziert und Kontakt zu fast allen Intellektuellen seiner

Zeit hat. Er gibt theologische, pädagogische, politische und linguistische Schriften von Kirchenvätern und klassischen Autoren wie Aristoteles und Terenz heraus oder übersetzt sie. Über 150 Texte lässt er drucken und beeinflusst damit die Intellektuellen in ganz Europa. In seiner satirischen Schrift »Lob der Torheit« sagt die Hauptfigur unter anderem: »Es tut halt so sauwohl, keinen Verstand zu haben, dass die Sterblichen um Erlösung von allen möglichen Nöten lieber bitten als um Befreiung von der Torheit.« Seine Übersetzung des Neuen Testaments wird auch von Luther für seine eigene Übertragung benutzt. Johannes Reuchlin aus Pforzheim ist einer der ersten Professoren für Hebräisch, sein Großneffe Philipp Melanchthon einer der wichtigsten Reformatoren neben Luther, Professor für Griechisch und Co-Übersetzer der Bibel. Er modernisiert das Studium, betrachtet die klassisch-humanistische Bildung als unerlässlich für Theologen und erfindet mit der Höheren Lateinschule eine Art Vorstufe zum heutigen Gymnasium. »Praeceptor Germaniae« war sein Ehrentitel, »Lehrer Deutschlands«. In Heidelberg sind der Polyhistor Jan Gruter und der Kupferstecher und Verleger Matthäus Merian tätig.

Andere wichtige und heute vergessene Humanisten sind Heinrich Glarean, Freiburger Professor für Poetik, Geschichte und Geografie. Als Musiktheoretiker erweitert er die mittelalterlichen Tonarten um den ionischen und äolischen Modus, aus denen sich später das Dur-Moll-

Der Heidelberger Soziologe und Nationalökonom Max Weber um 1907.

System entwickelt. Martin Waldseemüller erstellt 1507 die erste Weltkarte, auf der der neuentdeckte Kontinent den Namen »America« trägt. Jakob Wimpfeling begründet 1501 mit seinem Buch »Germania« die nationale deutsche Geschichtsschreibung.

Erst im 19. Jahrhundert gibt es den nächsten intellektuellen Aufschwung: In Heidelberg publizieren Achim von Arnim und Clemens Brentano »Des Knaben Wunderhorn« und streiten heftig mit anderen Philosophen. Georg Wilhelm Friedrich Hegel lehrt zwei Jahre an der Universität, und die Politikwissenschaft wird von Friedrich Christoph Dahlmann und Robert von Mohl begründet, beide waren 1848 Abgeordnete in der Paulskirche. Die Politik, die Einigung Deutschlands unter demokratischen Vorzeichen, findet bei den Professoren Anklang: Etliche wurden liberale Mitglieder der Frankfurter Nationalver-

sammlung, von den Heidelbergern unter anderem der Philologe Ludwig Häusser, der bei dem Historiker Friedrich Christoph Schlosser studiert hat. In Freiburg lehren die liberalen Jura-Professoren Carl von Rotteck und Carl Theodor Welcker, die wegen ihrer Anschauungen zwangsberentet werden. Von 1834 bis 1843 geben sie die erste Auflage des Staats-Lexikons in 15 Bänden heraus, eine der Grundlagen liberaler Weltsicht. Die zweite und dritte Auflage (bis 1866) betreut Welcker nach Rottecks Tod allein.

Jetzt werden aber vor allem die neuen Naturwissenschaften für viele Hochschulen wie Mannheim oder Karlsruhe bestimmend: An der Technischen Hochschule in Karlsruhe entwickelt Ferdinand Redtenbacher 1841 den Fachbereich Maschinenbau und Karl Weltzien Chemie als Fakultät. Im 20. Jahrhundert blühen dann auch die geisteswissenschaftlichen Fächer wieder auf.

Die demokratische Gesinnung setzt sich im 20. Jahrhundert bei den Professoren fort, als der größte Soziologe seiner Zeit, Max Weber, in Heidelberg einen Kreis Gelehrter um sich schart, darunter Ernst Troeltsch, Karl Jaspers, Gustav Radbruch und Karl Mannheim. Er gründet 1909 zusammen mit Georg Simmel, Werner Sombart und anderen die Deutsche Gesellschaft für Soziologie. An den Diskussionen beteiligen sich Politiker und Intellektuelle wie Georg Lukács, Ernst Bloch, Theodor Heuss, es war eine Hochzeit des gelehrten Heidelberg.

Wohl kaum ein anderes deutsches Land hatte so viele Hauptstädte wie Baden. Württemberg: klar, Stuttgart (zeitweise Ludwigsburg). Bayern? München. Baden? Karlsruhe, Durlach, Baden-Baden, Pforzheim, Freiburg, Rastatt, Heidelberg, Mannheim und beinahe Straßburg.

Karlsruhe auf einem Kupferstich von Heinrich Schwarz 1721.

Karlsruhe wird noch heute als badische Hauptstadt empfunden. Logisch, denn hier steht das Schloss, hier residierten die Markgrafen und Großherzöge von 1718 (jetzt wurde es offizielle Residenz) bis 1918. Karlsruhe bleibt die badische Hauptstadt in der Weimarer Zeit und während des Nationalsozialismus. Aber vorher und sogar während dieser Zeit gibt es in Baden auch noch andere Hauptstädte. Wenn man Baden in den Grenzen ab 1815 betrachtet.

Durlach: Bekannt ist, dass Karlsruhe 1715 gegründet wird, weil der Markgraf Karl Wilhelm aus seiner Residenz Durlach ausziehen will. Die Stadt ist teilweise zerstört, die Durlacher sind ein bisschen zu selbstbewusst und nicht immer mit dem Markgrafen einer Meinung. Außerdem will der Stadtgründer Karlsruhes aus dem engen, mittelalterlich geprägten Stadtbild heraus und, nach dem Vorbild seines Württemberger Schwagers Eberhard Ludwig, eine barocke Stadt, deren Anlage auf ihn, auf

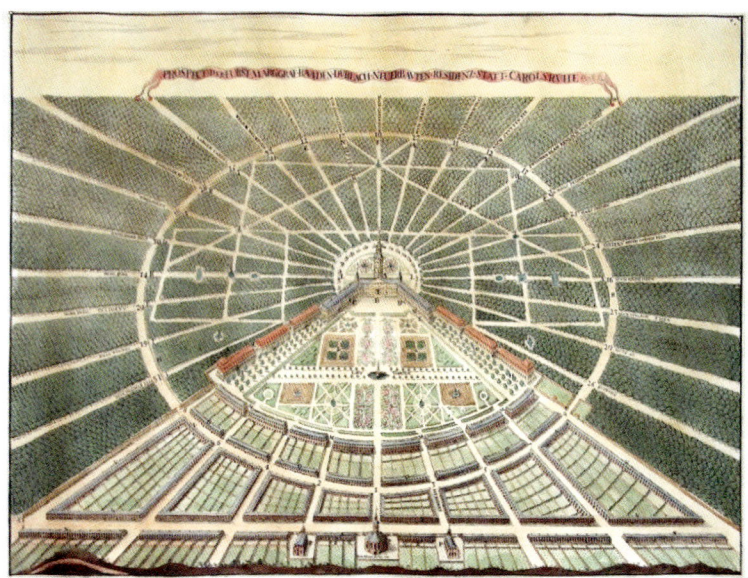

sein Schloss zuläuft. Deswegen die fächerartigen Straßen, die vom Schlossturm ausgehen.

Durlach ist seit 1565 Residenzstadt der ernestinischen Linie der Markgrafen. Vorher ist es Pforzheim, aber die Stadt liegt direkt an der Grenze zu Württemberg und das ist Karl II. zu nah. Er lässt ab 1563 die Karlsburg bauen und nennt sich Markgraf von Baden-Durlach.

Pforzheim: Seit 1220 residieren die badischen Markgrafen in Pforzheim. Hier heiratet Karl I. mit großem Prunk Katharina von Österreich, die Schwester Kaiser Friedrichs III. In der Kirche St. Michael befindet sich seit 1535 die Fürstengruft des Hauses Baden, die Grablegen der badischen Markgrafen aus der evangelischen Linie (ab 1515 Baden-Durlach). Als Letzte wird 1860 die Großherzogin von Baden, Stéphanie de Beauharnais, in St. Michael beerdigt.

Baden-Baden: Die kleine Kurstadt ist sogar schon ein Jahrhundert vorher Residenz: Der Zähringer Graf Hermann II. kauft das Gebiet um Baden-Baden Anfang des 12. Jahrhunderts, 1112 nennt er sich zum ersten Mal Markgraf von Baden oder Herr der Markgrafschaft Baden. Die heutige Kurstadt (die erste Kurtaxe wird 1507 eingezogen) bleibt nach der Teilung der Markgrafschaft Baden 1535 Residenzstadt der bernhardinischen Linie. Erst 1705 verlegt Ludwig Wilhelm von Baden-Baden die Residenz nach Rastatt; Baden-Baden bleibt aber Amtsstadt.

Rastatt: Im Pfälzischen Erbfolgekrieg wird auch Rastatt, wie viele andere badische und pfälzische Städte, niedergebrannt und zerstört. 1697 beginnt der Wiederaufbau, gleichzeitig lässt Markgraf Ludwig Wilhelm ein Jagdschloss bauen, das später zum Residenzschloss wird und bis zur Zusammenlegung der beiden Landesteile Baden-Durlach und Baden-Baden 1771 auch Residenzschloss bleibt.

Schloss Rastatt.

Plakette für die »Mannheimer Schule« der Musik in der damaligen Residenzstadt auf der Kurpfälzer Meile der Innovationen.

Freiburg: Wenn man akzeptiert, dass die Zähringer quasi die Vorläufer der Badener Markgrafen waren (die Markgrafen selber legten immer großen Wert darauf), war Freiburg sogar zweimal eine Art badische Hauptstadt. Um 1091 baut der Zähringer-Herzog Bertold II. das Castrum de Friburch (heute Ruine Leopoldsburg) auf dem Schlossberg, sein Sohn verleiht dem Ort 1120 Markt- und Stadtrecht. Nach dem Erlöschen der Zähringer übernehmen 1218 die Grafen von Urach die Herrschaft und nennen sich fortan Grafen von Freiburg. 1368 kaufen sich die Freiburger Bürger los und unterstellen sich dem Schutz des Kaisers. Knapp sechs Jahrhunderte später befreien die alliierten Truppen Deutschland vom Nationalsozialismus und teilen den Südwesten in vier Bereiche: Südbaden bekommt 1945 als Hauptstadt Freiburg, bis zum 25. April 1952, als die vier Teile zu Baden-Württemberg zusammengelegt werden.

Heidelberg: Die uralte, romantische Stadt am Neckar gehört ursprünglich gar nicht zu Baden, Heidelberg liegt in der Kurpfalz. 1156 ernennt Kaiser Friedrich I. Barbarossa seinen Halbbruder Konrad den Staufer zum Pfalzgrafen bei Rhein, das Land wird zu einem großen und mächtigen Territorium im Heiligen Römischen Reich. 1225 bekommt der Pfalzgraf auch Heidelberg. Ab 1356 heißt es dann Kurpfalz: Die Kurfürsten dürfen jeweils den deutschen Kaiser wählen – küren. Erst im 14. Jahrhundert wird Heidelberg die Hauptstadt der Kurpfalz. 1720, nach der Zerstörung des Schlosses, verlegt Karl III. Philipp seine Residenz nach Mannheim.

Mannheim: Karl III. Philipp beginnt 1720 den Bau des Schlosses, das 1760 fertig wird, und fördert Kunst und Musik, unter anderem das sehr junge Genie Mozart. Sein Nachfolger Carl Theodor verlegt 1778 seine Residenz nach München, weil er den bayerischen Thron geerbt hat, Mannheim liegt etwas brach. 1803 wird dann die Kurpfalz sowieso aufgelöst, die rechtsrheinischen Gebiete werden dem Großherzogtum Baden zugeschlagen.

Und Straßburg, beinah: Denn nach den schnellen Siegen der deutschen Armee über Frankreich wird das Elsass 1940 annektiert. Der Reichsstatthalter Robert Wagner will Straßburg zur Hauptstadt des Gaus Baden-Elsass machen und verwaltet Baden und Elsass schon von hier. Aber die Wende des Kriegs unterbricht das Vorhaben, 1945 ist das Elsass wieder französisch.

Heckerhut und Bundschuh

Zwei ganz unterschiedliche Hüte sind auf ihre Art ein Symbol für den Südwesten geworden: der Bollenhut als Ausdruck eines oft verkitschten Heimatgefühls und der Heckerhut als Symbol für den Widerstand gegen die Unterdrückung, für eine wahre Demokratie.

Während aber der weltbekannte Bollenhut eine alte, gewachsene Tradition in drei Dörfern des Schwarzwalds ist, geht der Heckerhut auf einen Mann zurück: Friedrich Hecker (1811–1881), den manche heute vielleicht als Terroristen bezeichnen würden – immerhin hat er zum gewaltsamen Sturz der rechtmäßigen Regierung aufgerufen. Im »Hecker-Lied« heißt es denn auch:

»Blut – Blut muss fließen
Knüppelhageldick,
Damit wollen wir begießen
Die freie Republik.

Schmiert die Guillotine
Mit der Pfaffen Fett,
Schmeißt die Konkubine
Aus des Fürsten Bett.

An dem Darm des Pfaffen
Hängt den Edelmann
Lasst ihn dran erschlaffen,
Bis er nicht mehr kann.«

1848 wurde dieses Lied gesungen, es ging um die »freie Republik«, um eine Demokratie.

Heckers Hut war ein Kalabreser mit breiter Krempe, den auch die italienischen Freiheitskämpfer trugen. Für Hecker und seine Mitstreiter war der weiche Filzhut, verziert mit zwei Fasanenfedern und einer schwarzrotgoldenen Kokarde, eine Art Markenzeichen und wurde es danach auch für seine Anhänger. Das war gefährlich, denn Sympathie für die Demokratie galt für die badische Obrigkeit und mehr noch für die Preußen, die die Revolution niederkartätschten, als Hochverrat: Laut geäußerte Kritik, das Erzählen von Witzen oder das Tragen des Heckerhuts wurde streng bestraft. Der Heimatschriftsteller Heinrich Hansjakob trug den verpönten Hut lebenslang.

Den Heckerhut trug auch der Schriftsteller Heinrich Hansjakob (1837–1916).

Friedrich Hecker mit dem Heckerhut.

Die badische Revolution, die ein geeintes, demokratisches Deutschland wollte, scheiterte, die Anführer, wie Friedrich Hecker oder Carl Schurz, mussten in die Schweiz oder nach Amerika fliehen. Hecker gehörte mit Gustav Struve und anderen zu den radikalen Liberalen. Sie gehörten im Landtag zur Minderheit, aber als 1848 der französische König gestürzt wurde, dachten sie, die Zeit sei auch in Baden und Deutschland reif für die Demokratie. Die Massen folgten ihnen aber nicht, als Hecker am 13. April von Konstanz aus aufbrach, um in Karlsruhe den Großherzog zu stürzen. Am 20. April endete der Marsch bei Kandern im Kugelhagel der badischen und hessischen Truppen. Auch der zweite badische Aufstand 1849 wurde blutig niedergeschlagen, da war Hecker schon Farmer in Illinois. Dort engagierte er sich für die Republikaner und Abraham Lincoln. Und schickte einmal dem Begründer der badischen Weinkunde, Adolph Blankenhorn aus Schliengen im Markgräflerland, Traubenkerne, die gegen die Reblaus resistent waren – es gibt diese »Amerikanerrebe« noch heute. Ihm zu Ehren wird alljährlich vom SPD-Kreisverband Konstanz der Heckerhut an Persönlichkeiten verliehen, »die sich um die soziale Demokratie verdient gemacht haben«, unter anderen erhielten ihn Jean Ziegler und Götz Werner.

In Baden gab es Vorläufer für die gescheiterte Revolution: die Bundschuhbewegung und den Bauernkrieg im 16. und den Salpetereraufstand im 18. Jahrhundert. Auch

der Bundschuh hat ein Kleidungsstück als Symbol: Es war ein Aufstand der armen Bauern, sie hatten oft keine richtigen, genagelten Schuhe und Stiefel, sondern banden sich Lederlappen an den Füßen und Beinen fest, die ganz Armen sogar nur Stofffetzen. Auf ihren Fahnen und vielen Flugblättern tauchte er als Symbol für den Kampf gegen die Unterdrückung auf. Ab 1502 kam es immer wieder zu Aufständen der Bauern, Anführer war der charismatische Joß Fritz (1470 bis circa 1525) aus Untergrombach bei Bruchsal. Aber immer wieder wurden die Verschwörer verraten, von Rittern in kleinen Schlachten besiegt, gefangen genommen, gefoltert, verstümmelt. Diese kleinen Aufstände, in denen die Bauern Gerechtigkeit und mehr Rechte verlangten, mündeten 1525 in den großen Bauernkrieg, den ersten Massenaufstand in der europäischen Geschichte. Auch sie forderten Gerechtigkeit und Freiheit, auch sie wurden, nachdem sie sogar Freiburg eingenommen hatten, blutig geschlagen und hingemetzelt. Wie der Bundschuh-Aufstand trugen sie auf ihren Fahnen das Symbol ihrer Armut.

Und es taucht noch einmal in den 1970er-Jahren auf, als der Liedermacher Franz Josef Degenhardt seine »Ballade von Joß Fritz« aufnimmt, sich eine Buchhandlung in Freiburg »Jos Fritz« nennt und sich die Wyhler im Kampf gegen das Atomkraftwerk wieder an diesen frühen Widerstand von unten erinnern und ihre Plakate mit dem Bundschuh-Symbol zieren.

Bundschuheiche des Bildhauers Thomas Rees zur Erinnerung an Joß Fritz und den gescheiterten Aufstand in Lehen im Breisgau 1513.

Heidelberger Romantik

»Alte deutsche Lieder« steht auf dem Titel. Aber das ist eine leichte Verdrehung der Tatsachen, wenn nicht gar eine bewusste Täuschung. »Des Knaben Wunderhorn« besteht zwar aus Liedern, die von den beiden Herausgebern Achim von Arnim (1781–1831) und Clemens Brentano (1778–1842) gesammelt worden sind – sie hatten immer wieder zur Einsendung von Liedern aufgerufen. Aber manche sind von ihnen ein bisschen und manche sogar stark bearbeitet worden.

Viele Werke aus der Zeit der Heidelberger Romantik sind heute Teil der deutschen (Buch-)Kultur.

Es sollte eben gerade keine schlichte Sammlung von Volkskunst sein, wie es die Brüder Grimm mit ihren Volks- und Hausmärchen gemacht haben. Sondern

ein eigenes Kunstwerk, das »die Wahrheit der Phantasie« über die philologische oder ethnologische Wahrheit stellt. Goethe heißt das in seiner Kritik gut: »Wer weiß nicht, was ein Lied auszustehen hat, wenn es durch den Mund des Volkes, und nicht etwa nur des ungebildeten, eine Weile durchgeht! Warum soll der, der es in letzter Instanz aufzeichnet, mit anderen zusammenstellt, nicht auch ein gewisses Recht daran haben?« Andere Kritiker hatten durchaus etwas auszusetzen und qualifizierten »Des Knaben Wunderhorn« als »heillosen Mischmasch von allerlei schmuzigen und nichtsnuzigen Gassenhauern« ab.

Ab 1806 in Heidelberg erschienen, ist die Liedersammlung »Des Knaben Wunderhorn« ein Versuch gewesen, zu

einer gemeinsamen deutschen Kultur beizutragen. Nach den verlorenen Kriegen gegen Napoleon (Arnim hatte als Hauptmann in Berlin ein preußisches Landsturmbataillon gegen Napoleons Armee befehligt) und der Gründung des Rheinbunds 1806 war das Heilige Römische Reich Deutscher Nation auseinandergefallen und in über dreihundert Kleinstaaten zersplittert: Ein einiges Vaterland war nicht in Sicht. Da war die Kultur ein Ausweg, wenigstens auf diesem Gebiet so etwas wie eine Einheit herzustellen. Im Rückgriff auf eine gemeinsame Vergangenheit wurde in dieser Zeit deswegen auch das Mittelalter mit seinen Burgen und Rittern und zum Beispiel dem Nibelungenlied als politisches Vorbild neu entdeckt: Denn dort gab es vermeintlich noch diese politische »deutsche« Einheit als bürgerlichen, demokratischen Staat oder unter einem deutschen Kaiser.

»Des Knaben Wunderhorn«: Titelblatt der Erstausgabe 1806.

Das »Wunderhorn« war ein gemeinsames Projekt der beiden romantischen Dichter, das sie zum Teil gemeinsam mit den Brüdern Grimm erarbeiteten. Aus Büchern und Zeitschriften, Fliegenden Blättern, Handschriften und Einsendungen publizierten sie in drei Bänden 723 Lieder. Es begann mit einem Brief Brentanos an Arnim vom Februar 1805, in dem er ihm die Erarbeitung eines »wohlfeilen Volksliederbuches« vorschlug: »Es muß sehr zwischen dem romantischen und alltäglichen schweben, es muß Geistliche, Handwerks, Tagewerks, Tagezeits, Jahrzeits, und Scherzlieder ohne Zote enthalten … es könnten die bessern Volkslieder drinne befestigt, und neue hinzugedichtet werden.«

Arnim und Brentano waren die Keimzelle einer eher losen Gruppe, die später als »Heidelberger Romantik« bezeichnet wurde. Ihre Gedichte und Prosatexte publizierten sie in der von ihnen beiden herausgegebenen »Zeitung für Einsiedler«. Zum engeren Kreis gehörten noch der Naturphilosoph und katholische Publizist Joseph Görres (1776–1848), der Altphilologe Friedrich Creuzer (1771–1858), der Dichter Otto von Loeben (1786–1825), die Brüder Jakob (1785–1863) und Wilhelm Grimm (1786–1859), die Dichterinnen Bettina Brentano (1785–1859), Brentanos Schwester und Arnims spätere Frau, und Karoline von Günderode (1780–1806). Weitere Romantiker wie Joseph von Eichendorff, Ludwig Uhland, Justinus Kerner, die Brüder Friedrich und

August Wilhelm Schlegel und Friedrich Hölderlin publizierten in der »Zeitung für Einsiedler«, die 1808 zweimal wöchentlich erschien. Märchen, Erzählungen, Satiren, Lieder und Gedichte wurden gedruckt, Wissenschaft und Poesie miteinander verbunden. »Nichts Modernes, nichts Gelehrtes, nichts Getändeltes, nichts Bekanntes, nichts Langweiliges – eine schöne reizende Kunstkammer, welche sich selbst erklärt, und in welcher sowohl Alt als Jung sich gerne begeistern.« Berühmt wurden die teilweise in Sonettform gehaltenen Angriffe auf den Heidelberger Aufklärer Johann Heinrich Voß, der das Sonett als überholt bezeichnet hatte und von Görres als »hyperborischer Horribiliscribifax«, als Aufschneider und Angeber, bloßgestellt wurde.

Hölderlin schrieb das wohl schönste Gedicht über Heidelberg überhaupt, in dem es am Anfang heißt:

»Lange lieb ich dich schon, möchte dich, mir zur Lust,
Mutter nennen, und dir schenken ein kunstlos Lied,
du, der Vaterlandsstädte
Ländlichschönste, so viel ich sah.«

Nach 37 Ausgaben musste die Zeitung aus finanziellen Gründen eingestellt werden. Und als Brentano und Arnim Heidelberg verließen, war auch dieses sprühende und folgenreiche Kapitel der Literaturgeschichte zu Ende. Es folgte die Berliner Romantik.

Herrscher

Gegenüber-
liegende Seite:
Turm der Burg
Zähringen bei
Freiburg.

Auf die Zähringer beriefen sich die badischen Herrscher gern. »Es steht das erneuerte zähringische Haus auf festen Säulen«, schreibt 1763 (auf lateinisch) der Historiker Johann Daniel Schöpflin in seinem mehrbändigen Buch »Historia Zaringo-Badensis« und zeigt dabei als Symbole der beiden Häuser den Turm der Burg Zähringen bei Freiburg und das damals noch recht neue Karlsruher Schloss. Karl Friedrich legt sich 1806 zu seiner Groß-herzogswürde auch noch den Titel eines Herzogs von Zähringen zu: Tradition, Überliefe-rung und der »Nachweis« einer langen Linie des Herrscherhauses waren wichtig.

Schließlich hatten die Zähringer bei Freiburg schon im 11. Jahrhundert eine Burg und ein schönes Reich. Und mit dem ersten Zähringer, Berthold I., hatten die Badener einen gemeinsamen Stammherrn. Der sollte eigentlich von Kaiser Heinrich III. das Herzogtum Schwaben bekommen, aber dann stirbt der Kaiser, und es wird nichts daraus. Seither aber hat er immerhin einen Herzogstitel. Sein Nachfolger Berthold II. (sie hießen fast alle

Berthold, es gab zwischendurch nur einen Konrad) nennt sich dann als Erster Herzog von Zähringen. Die Zähringer, Berthold I. bis V., waren eines der mächtigsten Herrschergeschlechter im deutschen Südwesten, gründeten Städte, Dörfer und Klöster wie Freiburg, Haslach oder Offenburg und besiedelten den Schwarzwald. Berthold II. war sogar mal als König im Gespräch. Was von ihnen vor allem bleibt, ist das Freiburger Münster, das Berthold V. zu vergrößern begann – die Hauptlinie stirbt aber mit ihm 1218 aus, bevor das Münster fertig ist.

Der älteste Sohn Bertholds I. ist Hermann I. – der Stammvater der Linie der badischen Markgrafen. 1112 taucht der Name erstmals so ähnlich auf: »Herimannus machrio de Badun« (Hermann Markgraf von Baden) heißt es in einer Urkunde. Diese Bezeichnung setzt sich allmählich durch, auch wenn erst Bernhard I. Baden-Baden, die alte Römerstadt, zur markgräflich-badischen Residenz ausbaut und Hermann V. Pforzheim zur badischen Residenz macht. Zwei Residenzen gab es später zugleich – denn das Land war lange Zeit geteilt: in Baden-Durlach (vormals Pforzheim) und Baden-Baden. Zusammen, dann wieder geteilt, eine komplizierte Geschichte, in der im 13. Jahrhundert die Habsburger, die Söhne von Rudolf I. von Baden und seine Enkel und Urenkel eine Rolle spielen, die Hachberger und die Sausenberger. Ein rechter Tunichtgut ist Eduard Fortunat aus der Linie Rodemachern, der vom katholischen Bayern (auch kompliziert, wie das ins Spiel kommt) 1588 zum Herrscher von Baden-Baden gemacht wird. Ernst Friedrich von Baden-Durlach besetzt 1594 das Territorium Baden-Badens. Fortunat, der in die linksrheinischen Gebiete geflüchtet ist, versucht, ihn ermorden zu lassen, seine Spielschulden sind legendär, und er soll betrunken zu Tode gestürzt sein.

Markgraf Ludwig Wilhelm von Baden-Baden, genannt der Türkenlouis, im türkischen Gewand porträtiert.

Sternschanze bei Neuenweg: Der Türkenlouis ließ im Schwarzwald Anlagen zur Verteidigung gegen französische Einmärsche errichten.

Die wohl nachhaltigste Tat der Markgrafen ist die Gründung der Fächerstadt Karlsruhe. Karl Wilhelm zieht aus Durlach, das im Pfälzer Erbfolgekrieg 1689 von den Franzosen zerstört wurde, in den Hardtwald. Dort lässt er erst ein Lustschloss bauen, dann eine ganze Stadt, deren Straßen strahlenförmig vom Schloss ausgehen. Vergibt Privilegien, lädt Menschen verschiedenen Glaubens ein, sich in der neuen Stadt niederzulassen. Verlustiert sich in seinem Garten und mit den Tänzerinnen der Hofkapelle und verlegt den Hof in die neue Residenz.

Sein entfernter Vetter, Ludwig Wilhelm I., kämpft derweil gegen die Türken, deswegen wird er auch Türkenlouis genannt, und baut riesige Festungsanlagen quer durch den Schwarzwald gegen die Franzosen. Er hat schnell militärische Karriere im kaiserlichen Heer gemacht und kehrt spät in sein Land zurück. Da 1689 auch Baden-Baden zerstört wird, baut er das kleine Rastatt zur neuen Residenz aus, und mit dem Schloss Rastatt, das von 1697 bis1707 gebaut wurde, errichtet er das erste Schloss in Deutschland nach dem Vorbild von Versailles.

Karl Wilhelms Enkel Karl Friedrich war ein Glücksfall für Baden. In seiner 73 Jahre langen und sehr fortschrittlichen Amtszeit entwickelte sich Baden über ein Kurfürstentum (1803–1806) zum bedeutenden Großherzogtum Baden (1806–1918). Er reformiert das Recht, fördert Kunst, Wissenschaft und Handel, weil er an Vernunft und Humanität glaubt. Er macht Baden zu einem wohlhaben-den und einflussreichen Land in Deutschland. 1771 erbt er auch die katholische Linie Baden-Baden und gliedert sie in seine Herrschaft ein, nach den Napoleonischen Kriegen kommt die Kurpfalz noch dazu.

Sein Enkel Karl unterschreibt 1818 die badische Verfassung: Es ist die liberalste Verfassung Deutschlands und mit dem Ständehaus entsteht unter Ludwig I. 1822 das erste unabhängige Parlamentsgebäude Deutschlands. Dessen Nachfolger Leopold hat allerdings das Pech, von der Revolution 1848 bedroht zu werden, er ruft 1849 die Preußen zu Hilfe, die den Aufstand blutig niederschlagen.

1918 wird der letzte Großherzog, Friedrich II., von der nächsten Revolution vertrieben und flüchtet nach einer kleinen Schießerei am Schloss bei Nacht und Nebel. Am 22. November 1918 dankt er ab. Seine Ehe mit Hilda von Nassau bleibt kinderlos, das schon betagte Paar adoptiert 1927 Berthold, den Sohn von Max von Baden, weil das Hausvermögen sonst nach Friedrichs Tod an die Republik gefallen wäre.

Karl Friedrich, erster Großherzog von Baden.

Kaspar Hauser

»A söchtener Reuter möcht i wern, wie mein Voater gwen is.« (»Ein solcher Reiter möchte ich werden, wie mein Vater gewesen ist.«) Mit diesem berühmt gewordenen Satz tritt ein junger Mann auf die Bühne der Weltgeschichte, von dem man bis heute nicht weiß, wer er gewesen ist – viele meinen, der entführte, gefangen gehaltene Erbprinz von Baden: Kaspar Hauser.

Am Pfingstmontag, den 26. Mai 1828, steht dieser etwa 16-jährige Junge auf dem Unschlittplatz in Nürnberg, mit einem Brief, der an den Rittmeister der 4. Eskadron des 6. Chevauxlegers-Regiments adressiert ist. Schuhmachermeister Weickmann, den er angesprochen hat, zeigt ihm den Weg zu Friedrich von Wessenigs Wohnung. Der Rittmeister bringt den Jungen zur Polizei, sie verhört ihn, und er schreibt seinen Namen auf einen Zettel: »Kaspar Hauser«. In dem Brief, überschrieben mit »Von der Bäierischen Gränz / daß Orte ist unbenant / 1828«, steht, das Kind sei ihm im Oktober 1812 »gelegt« worden, und er habe es nie nach draußen gelassen. Der Junge erzählt bei dieser ersten Befragung nicht viel, aber nach und nach entsteht eine abenteuerliche und geheimnisvolle Geschichte. Er sei in einem Verlies festgekettet gewesen und habe nie jemanden gesehen. Essen und Trinken sei ihm hingelegt worden, seine Notdurft entsorgt, er sei gewaschen worden, wenn er schlief – wahrscheinlich durch Opium betäubt. Erst bei seiner Freilassung habe ihn ein Mann das Gehen und ein paar Worte sprechen gelehrt und ihn nach Nürnberg geführt.

Schon ein Jahr später – Kaspar Hauser ist beim Gymnasialprofessor und Religionsphilosophen Georg Friedrich Daumer untergekommen und wird von ihm unterrichtet – werden Gerüchte laut, der geheimnisvolle Kaspar Hauser sei der am 29. September 1812 geborene (und wenige Wochen später, am 16. Oktober, gestorbene) Erbprinz von Baden, Sohn von Großherzog Karl und Stéphanie de Beauharnais, den man in der Wiege mit einem sterbenden Kind vertauscht habe. Die Täterin soll Gräfin Luise Karoline von Hochberg gewesen sein, eine ehemalige Hofdame, die zweite Ehefrau des sehr viel älteren Vorgängers von Karl, Großherzog Karl Friedrich. Sie wollte, so die Theorie, ihre eigene Linie auf den großherzoglichen

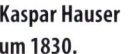

einjähriger Sohn, 1818 auch Karl selbst), und auch noch den folgenden Großherzog Ludwig, der 1830 an einem Schlaganfall stirbt. Ludwigs Nachkommen sind allesamt nicht standesgemäß – aber das hätte sich ja noch ändern können, wenn sie als legitim anerkannt worden wären. Dass die Söhne aus der Hochberg-Linie zu Nachfolgern werden, hat Karl Friedrich noch selbst angeordnet, Karl dann 1818 bestätigt. Die Gerüchteküche ist jedenfalls auch wegen dieser auffällig vielen Todesfälle im Gang.

1829 kommt es zu einem ersten Anschlag mit einem Messer auf Kaspar Hauser. Ein halbes Jahr später wird auf ihn geschossen, man findet ihn blutend und bewusstlos in seinem Zimmer. 1833 schließlich kommt Kaspar Hauser tödlich verletzt nach Hause, von einem Unbekannten soll er erstochen worden sein. Die Ansbacher Gerichtsärzte aber konnten sich »des begründeten Zweifels nicht erwehren, ob ein Mord von fremder Hand an Hauser verübt, ob überhaupt ein Verbrechen an ihm begangen wurde«. Heutige Kriminologen gehen auch eher von Selbstverletzungen aus. 1830 wird Leopold aus der Hochberglinie tatsächlich Großherzog.

Interessanterweise entstehen viele Gerüchte vor allem in Bayern: Bayern hat großes Interesse daran, Baden zu diskreditieren, denn es will die Teile der rechtsrheinischen Pfalz zurück, die es 1803 verloren hat, mit allen Mitteln, sogar ein Krieg wird von Ludwig I. von Bayern erwogen. Eine Vertauschung des Kindes ist sowieso kaum möglich

Thron heben und musste deswegen den Prinzen verschwinden lassen – ihn gleich zu ermorden, habe sie aber nicht gewagt. Karl Friedrichs Sohn Karl Ludwig ist bereits tot (1801 gestorben – deswegen ist sein Enkel Karl 1811 Großherzog geworden), sie hätte dann Karls Onkel Friedrich noch umbringen müssen (er stirbt 1817, im selben Jahr wie Karls

gewesen, da sowohl die Großmutter als auch die Hebamme, die die Nottaufe durchführte, es gemerkt hätten. Dennoch hält sich die Verschwörungstheorie hartnäckig – sie ist auch zu schön: Hier der unschuldige Knabe, dort die böse Frau, eine Massenmörderin.

Zwei DNA-Analysen, die man 1996 und 2002 durchführt, bringen nur noch mehr Verwirrung: Die Probe von dem Blut nach der tödlichen Stichverletzung, die man von der Unterhose nimmt, ergibt, dass Kaspar Hauser kein Sohn von Stéphanie de Beauharnais ist. Vielleicht also doch ein Betrüger, wie manche meinen. Zudem ist nicht sicher, ob die Unterhose oder das Blut authentisch ist. Die zweite Untersuchung endet mit dem vagen Urteil: »Zum jetzigen Zeitpunkt wäre es unverantwortlich, einen Ausschluss zu formulieren, so dass immer noch die Möglichkeit besteht, dass Kaspar Hauser ein biologischer Verwandter des Hauses Baden ist.« Die Gerüchte, dass der berühmte Findling der Erbprinz ist, werden auch durch die Weigerung der Nachfahren der Großherzöge befeuert, DNA-Proben von den sterblichen Überresten der Großherzogin und ihrer Söhne nehmen zu lassen – die Totenruhe gehe vor. Und dann sollen auch noch die Särge der beiden früh verstorbenen Kinder verschwunden sein, und zwar seit einigen Jahrzehnten. Aber dann seien sie doch wieder aufgetaucht und nie verschwunden gewesen. War Kaspar Hauser doch der Erbprinz? Und alle, die das Gegenteil behaupteten und behaupten, gekaufte Lügner?

Wer sie letztendlich erfunden hat, weiß man nicht, aber wahrscheinlich kein Schwarzwälder. Macht nichts, die Kuckucksuhr gehört inzwischen zum Schwarzwald wie der Bollenhut und die Schwarzwälder Kirschtorte. Die baden-württembergische Tourismusindustrie ist froh, dass der Ursprung der Uhr im Dunkeln liegt. Am wahrscheinlichsten ist, dass sie aus Sachsen kommt.

Frühe Schwarzwälder Kuckucksuhr, 1760–1780, Schild und Mechanik.

Schon 1619 hat der Kurfürst Johann Georg I. von Sachsen eine Uhr mit Kuckucksschrei in seiner Sammlung. 1615 hat der Mechaniker Salomon de Caus beschrieben, wie man einen Kuckucksruf mit zwei Pfeifen nachahmen kann und wie sich gleichzeitig Schnabel, Flügel und Schwanz des metallenen Vogels bewegen: Figurenautomaten waren ein beliebtes Spielzeug beim reichen Hochadel der Barockzeit oder sie wurden aus Angeberei bei teuren Festen vorgeführt. 1669 erschien das Uhrmacherbuch »Horologi elementari«, in dem Domenico Martinelli zeigte, wie man den Kuckucksruf für die Stundenanzeige nutzen kann.

Irgendwann kam sie auch in den Schwarzwald, vielleicht war Franz Anton Ketterer aus Schönwald in den 1730er-Jahren der Erste, vielleicht Michael Dilger in Neukirch und Matthäus Hummel 1742 oder Franz Antons Vater Franziskus Ketterer. Wie auch immer: Für die armen

Gegenüber-
liegende Seite:
Der Franzose
Salomon de Caus
(1576–1626)
konstruierte
Maschinen für
Bewegungs- und
Klangeffekte
im »Hortus
Palatinus«, dem
Heidelberger
Schlossgarten,
darunter eine
wassergetriebene
Orgelmaschine.

Schwarzwälder war es ein willkommener Nebenerwerb. Das Rohmaterial wuchs vor der Tür und im Winter war Zeit genug, sie zu schnitzen. Holzgegenstände wie Löffel, Schalen, Teller wurden sowieso geschnitzt. Warum nicht auch Uhren? Außerdem war die Herstellung von Uhren aus Metall nur den städtischen Uhrmachern erlaubt, die sich aber an die Zunftregeln halten mussten. Holzuhren bauen und Lackschilder aufkleben durfte dagegen jeder. Erst als die Zunftregeln aufgehoben sind, dürfen auch die Schwarzwälder Metallräder einbauen.

Und man spezialisiert und professionalisiert sich. Schon gegen Ende des 18. Jahrhunderts werden die Uhren in kleineren Manufakturen im Schwarzwald gefertigt, die Arbeit ist aufgeteilt: Für Lack- und Holzschilder sind andere Handwerker zuständig als für Uhrkette oder Glocken. Oder es gibt Zulieferer wie Schilderdreher und Schildermaler, Gestellmacher, Glockengießer, Kettenmacher und Hersteller von Zahnradrohlingen. Um 1840 existieren bereits an die 1000 Werkstätten, die aber hauptsächlich einfache Uhren bauen, ohne den heute so typischen Kuckucksruf und die sich öffnende Tür: Diese Mechanik war vergleichsweise kompliziert und teurer. Aber von den einfachen Uhren werden so viele gebaut, dass sie günstig waren und sich auch viele ärmere Familien solche Uhren leisten konnten.

Die Konkurrenz lässt nicht lange auf sich warten: Vor allem Billiguhren aus Amerika überschwemmen den Markt. 1850 gründet deshalb der badische Großherzog Leopold in Furtwangen die erste eigenständige Uhrmacherschule der Welt, um mit einer besseren Qualität der Uhren konkurrenzfähig zu bleiben – vorher gab es bereits eine Uhrmacherausbildung in der Goldschmiedeschule in Pforzheim. Direktor der neuen Schule wird der Ingenieur Robert Gerwig, der die Schwarzwaldbahn und die Höllentalbahn gebaut hat. Er gründet an der Schule das »Gewerbeblatt für den Schwarzwald« und lässt in der Zeitschrift auch Baupläne für Uhrwerke abbilden: Damit viele sie einfach nachbauen können.

Gleich in seinem ersten Jahr als Direktor ruft er einen landesweiten Wettbewerb für eine zeitgemäße, moderne Schwarzwalduhr aus – er will weg vom Image der simplen Schwarzwälder Uhr. Den ersten Preis gewinnt allerdings kein Schwarzwälder Uhrenhersteller, sondern ein Freund von ihm, der Karlsruher Architekt Friedrich Eisenlohr. Eisenlohr hat sich für das Design der Wanduhr von der Fassade der Bahnwärterhäuschen inspirieren lassen, die an der Schwarzwaldbahn stehen: Er baut die schlichte und recht strenge Form en miniature nach und versieht sie mit einem Zifferblatt. Sein Modell, die »Bahnhäusleuhr«, wird schnell populär und sofort nachgebaut. An den Kuckuck hatte Eisenlohr aber überhaupt nicht gedacht, er war Architekt und kein Uhrmacher oder Mechaniker. Andere sorgten dafür, dass der berühmte Vogel wieder in die Uhr kam. Zehn Jahre später löst sich die eckige Form langsam auf: 1862 bietet Johann Baptist Beha aus Eisenbach zum ersten Mal reich verzierte Kuckucksuhren mit geschnitzten Beinzeigern und Gewichten in Form von Tannenzapfen an. Danach gibt es kein Halten mehr: Was immer an üppigem Pflanzen- und Tierschmuck geschnitzt werden kann, wird gemacht.

Die Eisenbahn, die Gerwig quer durch den Schwarzwald baute, sorgte auch für größeren Absatz, denn er band die kleinen, abseits gelegenen Orte und Städtchen an die großen Verkehrslinien an – vorher war der Schwarzwald doch ein wenig ab vom Schuss.

Liberalismus

Es ist schon bemerkenswert, dass es in Baden über die Jahrhunderte immer wieder ziemlich liberal zuging – liberal jetzt im weitesten Sinn überhaupt, im Sinn von fortschrittlich und freiheitlich. Dazu gehören auch Aufständische, die die Obrigkeit angreifen, wenn diese die Freiheit bedroht und verhindert.

In dem Sinn sind auch die, die zu den Waffen greifen, um die rechtmäßige Regierung zu stürzen, oder die sich mit Waffengewalt gegen Missstände wehren, Demokraten oder Freiheitskämpfer. Wie in der Geschichte immer wieder passiert. Aber warum gerade in Baden? Liegt es am Klima? Oder hat der Badener irgendwann einmal eine besondere Tradition des Aufständischen entwickelt, ohne es zu merken?

Eine der ersten Aufstandsbewegungen ist die des Bundschuh, die sich ab 1493 in Baden gegen die Unterdrückung der armen Bauern wehrt. Auch die großen Bauernkriege 1525 beginnen in Baden, am 23. Juni 1524 im Wutachtal bei Stühlingen. Ein halbes Jahr später verbünden sich die Bauern im westlichen Hegau. Schnell weitet sich der Protest aus, schon vorher hat es überall in Süddeutschland und der Schweiz gegärt. Dann entlädt sich die Wut der Bauern und der armen Städter und sie bilden militärische »Haufen«, die bis zu 12 000 Mann

stark sind. Sie verlieren überall gegen die weit besser ausgerüsteten Heere der Herren. So auch 1727 die Salpeterer im Hotzenwald.

Auch die badische Obrigkeit war liberaler als die in anderen Ländern: Bei der Stadtgründung von Karlsruhe 1715 lädt Markgraf Karl Wilhelm Christen aller Konfessionen (Protestanten und Katholiken) und sogar Juden ein, sich anzusiedeln. Sein Enkel Markgraf Karl Friedrich schafft 1767 die Folter ab, die den Angeklagten Geständnisse herauspressen sollte, und die Todesstrafe für alle Taten außer für vorsätzlichen Totschlag. 1783 schreibt er sogar nicht mehr von »Untertanen«, sondern von »Menschen«, und er hält sich für von Gott eingesetzt, um für ihr Wohlergehen zu sorgen: »Wenn der Satz seine Richtigkeit hat, dass das Wohl des Fürsten mit dem Wohl des Landes innig vereiniget ist, so dass beyder Wohl- oder Uebelstand nur Eines ausmacht, so ist er aus der Ursache, weil ihr Interesse auf das genaueste verbunden ist, oder mit anderen Worten,

Verfassungssäule am Rondellplatz in Karlsruhe um 1830.

das Land ihres Herrn bewirtschaften und ihm bei der Ernte und sonstigen Arbeiten helfen. Vom Sklaven unterschied sie oft nur, dass man sie nicht verkaufen konnte. Baden war nach Österreich das erste Land ohne Leibeigenschaft, Bayern folgte im gleichen Jahr, Württemberg erst 1817. Eine weitere Tat von ihm war die Übernahme und Anpassung des Code Napoléon, eines liberalen Gesetzbuchs mit einem einheitlichen Recht für alle Bürger und der Rechtssicherheit im wirtschaftlichen Leben.

Sein Enkel Großherzog Karl unterschreibt 1818 die badische Verfassung, in der erstmals für die männlichen Erwachsenen ein liberales Wahlrecht beschlossen wird und die Grundrechte garantiert werden – sie ist eine der modernsten Verfassungen im Deutschen Bund: Gleichheit vor dem Gesetz, Unabhängigkeit der Gerichte, Schutz vor willkürlicher Verhaftung, unterschiedslose Steuerpflicht, Abschaffung von Privilegien bei der Besetzung von Staatsämtern,

Das Neue Ständehaus in Karlsruhe an der Stelle des ersten Parlamentsgebäudes in Deutschland.

weil der Fürst mit dem Land in genauem wechselseitigem Verhältnisse stehet.« Er schafft die Leibeigenschaft in Baden ab. Leibeigenschaft war wie Sklaverei: Der Leibherr konnte über seine Leibeigenen nach Belieben verfügen, sie hatten keine Rechtsmittel, sich gegen ihn zu wehren. Sie durften nicht wegziehen, ohne seine Genehmigung nicht heiraten und unterstanden seiner Gerichtsbarkeit und seiner Polizeigewalt. Mussten

Freiheit des Eigentums, Gewissensfreiheit und Freiheit der Religionsausübung. In zwei Kammern tagt das gewählte Parlament, 1822 wird das erste Parlamentsgebäude in Deutschland überhaupt gebaut: das Ständehaus, in dem beide Kammern zusammenkamen, ein deutliches Symbol für diese liberale Entwicklung zum Repräsentativsystem, zur Demokratie.

1832 erlässt Großherzog Leopold ein liberales Presserecht, hebt »alle Zensur der Druckschriften, welche im Großherzogtum herauskommen oder verbreitet werden«, auf. Auf Druck der Preußen und Österreicher wird die Zensur im selben Jahr wieder eingeführt. Allerdings geht der badische Großherzog nicht so streng gegen Oppositionelle vor, lässt sie nicht, wie in anderen Ländern üblich, unter fadenscheinigen Begründungen verhaften. 1846, mit Johann Baptist Bekk als Innenminister, wird die Zensur noch einmal gelockert, viele Zeitungen erscheinen, in denen die Regierung offen kritisiert wird. Die Revolution 1848/49 ist dann sogar eigentlich eine badische Revolution, ein erster gewaltsamer Versuch, ein einiges Vaterland mit bürgerlichen Rechten zu schaffen, die Radikalen verlangen sogar eine Demokratie ohne König oder Kaiser. Sie scheiterte, auch weil andere Länder nicht nachzogen.

1862 werden die Juden in Baden gleichgestellt, uneingeschränkt. Schon lange stehen Juden in Durlach und Karlsruhe unter dem besonderen Schutz der liberalen Markgrafen und Großherzöge, sie genießen freie Religionsausübung, Leibfreiheit und Abgabenfreiheit für Person und Besitz. Seit 1809 dürfen Juden sogar ein Handwerk lernen und einen Nachnamen führen, der nicht gleich als jüdisch erkennbar ist, dürfen bürgerlich heiraten auch ohne Zustimmung der Kirchen.

Diese schöne Tradition der Liberalität wird leider nicht immer durchgehalten: In der Nazizeit werden die badischen und Pfälzer Juden noch vor allen anderen zusammengetrieben und in das Lager Gurs, Südfrankreich, verschleppt – einer der ersten Probeläufe für den Massenmord der Deutschen an den Juden.

Großherzog Leopold von Baden.

Malerfürsten

Die Karlsruher Kunstakademie hat seit ihren Anfängen einen guten Ruf. 1854 als Großherzoglich Badische Kunstschule Karlsruhe gegründet, wird erster Direktor der Düsseldorfer Landschaftsmaler Johann Wilhelm Schirmer: ein hervorragender Pädagoge und reformerischer Verwalter – damals galt die Landschaftsmalerei als avantgardistisch. 1885 dürfen Frauen in der Großherzoglichen Malerinnenschule Karlsruhe Kunst studieren, an die Akademie dürfen sie nicht. Allerdings unterrichten viele Lehrer der Kunstschule auch die Damen, erst 1919 öffnet sie sich für Frauen.

Ein Höhepunkt der Akademie ist neben der Zeit der Neuen Sachlichkeit, als Rudolf Dischinger, August Babberger, Karl Hubbuch, Georg Scholz oder Wilhelm Schnarrenberger in Karlsruhe unterrichten, die Zeit ab den 1960er-Jahren, als der Neoexpressionismus vor allem mit Georg Baselitz und Markus Lüpertz große Impulse aus Karlsruhe erhält. Diese Kunstrichtung besinnt sich nach der Abstrakten Kunst und dem Informel wieder auf die figürliche Malerei.

Baselitz und Eugen Schönebeck veröffentlichen 1961 ihr erstes, 1962 ihr zweites »Pandämonisches Manifest« und stellen ihre Werke in der Galerie von Michael Werner und Benjamin Katz in Berlin aus. Sie wollen provozieren und schaffen es auch: Wegen Gemälden von nackten Männern gibt es einen (inszenierten) Skandal, die Staatsanwaltschaft beschlagnahmt die Bilder. Das war Kalkül, aber auch innere Notwendigkeit für Baselitz: »Ich bin in eine zerstörte Ordnung hineingeboren worden, in eine zerstörte Landschaft, in ein zerstörtes Volk, in eine zerstörte Gesellschaft. Und ich wollte keine neue Ordnung einführen. Ich hatte mehr als genug sogenannte Ordnungen gesehen. Ich war gezwungen, alles in Frage zu stellen, musste erneut ›naiv‹ sein, neu anfangen.« Von dieser Maxime aus und inspiriert von vielen künstlerischen Richtungen wie der sowjetischen Agitprop-Kunst, dem Manierismus, Antonin Artaud, der Sammlung Prinzhorn oder afrikanischen Skulpturen rebelliert er gegen Ordnungen und Konventionen der Kunst. Obszönitäten wie »Die große Nacht im Eimer« von 1962/63, das einen masturbierenden Jungen zeigt, waren an der Tagesordnung.

»Mann mit Hirsch« von Stephan Balkenhol an der Karlsruher Kunstakademie.

Seit kurzer Zeit malt er übrigens alte, schlaffe, »hässliche« Körper, zeigt damit den Verfall. Auch das vielleicht autobiografisch wie die frühen Bilder. 1969 kommt der 1938 in Deutschbaselitz, Sachsen, geborene Hans-Georg Kern auf die Idee, seine Motive auf den Kopf zu stellen, um die gewohnte Wahrnehmung auszuhebeln: Damit macht er aus dem figürlich Abbildhaften etwas Abstraktes, rein Malerisches. Verwirrt, lenkt von Interpretationen ab und führt zum eigentlichen, dem Betrachten.

Der zweite große Maler jener Zeit ist Markus Lüpertz, der von 1974 bis 1988 an der Karlsruher Akademie lehrt und 1988 zum Rektor der Düsseldorfer Akademie berufen wird (bis 2009). Anders als Baselitz und Antes stilisiert sich der aufbrausende Künstler als exzentrischer Freigeist und Genie. 1941 im tschechischen Reichenberg

»Karlsruhe war für mich die erste Freiheit
Das dunkle Berlin bestimmte mein Leben
Die kalten Nächte und ungeheizten Ateliers
Die große Straße, die Eckkneipe, die Ruhmlosigkeit«
[…]
»Und Karlsruhe lockte mich, den Dreißigjährigen
Und die Stadt und die Möglichkeiten knipsten
   das Licht an
Wärmten mich mit südlichem Charme
Und idyllischen Plätzen«

geboren, hat er seinen ersten Erfolg 1969 in der Baden-Badener Kunsthalle. Er versucht sich auch als Dichter und schreibt das im vorangestellten Kasten über seine Zeit an der Karlsruher Akademie.

Der gläubige Katholik und Free-Jazz-Musiker wendet sich wie Baselitz gegen die vorherrschenden abstrakten Tendenzen in der Malerei seiner Zeit. Er schafft eine kraftvolle Bildwelt mit monumentalen Darstellungen, nimmt sich der Comics an, ohne zum Pop-Art-Künstler zu werden, verbindet Gegenständlichkeit und Abstraktion, lässt abstrakte Architektur im Bildraum schweben. Versucht in seinen dithyrambischen Bildern den Rausch und den Realismus gleichzeitig. Aber auch die deutsche Geschichte findet einen Widerhall in seinen Bildern: Symbolträchtige Gegenstände wie Stahlhelme, Schaufeln, Fahnen und Geweihe zeigt er in oft großen Formaten in erdigen Farben. Es folgen abstrakte Bilder, Porträts von Parsifal und Landschaftsbilder, auch Bühnenbilder und Skulpturen, unter anderem ein Adler für den Bundesgerichtshof in Karlsruhe oder eine nackte Philosophin für das Bundeskanzleramt. Immer wieder gestaltet er auch Kirchenfenster. Von der Kritik wird er einmal als »gewiefter Selbstdarsteller, Modestenz und Fotoposeur, Meister der Schlenker und Regisseur der Schludrigkeit« bezeichnet oder als »Liberace der heftigen Malerei«.

Der unauffälligste der drei Karlsruher »Malerfürsten« ist sicherlich Horst Antes. 1936 in Heppenheim ge-

Das Geroldsauer Tal bei Baden-Baden: Gemälde von Johann Wilhelm Schirmer, dem ersten Direktor der Badischen Kunstschule, 1855.

boren, studiert er in Karlsruhe bei HAP Grieshaber, wo er 1967 Professor für Malerei wird. Berühmt wird er für seine »Kopffüßler«, Wesen mit Kopf und Füßen, ohne Hals, Brust und Bauch, die er lange Zeit als einziges Motiv hat. Aber auch er ist für das damalige Provinzpublikum skandalös, vor allem, als er 1967 für die Bundesgartenschau in Karlsruhe einen »Garten der sieben Denkmäler der Lüste« gestaltet: halbabstrakte Plastiken, poppig bunte Blechskulpturen mit Namen wie »Yellow Submarine« oder »Die Familie oder die Lust der Lust«. Viele Bürger empfinden sie als »Kunsthaufen«. In einer Podiumsdis-

kussion will das Publikum wissen, was denn die Namen sollen. Antes fragt zurück: »Woher hat der Dompfaff seinen Namen?« Er ist einer der Ersten, die sich von der nichtgegenständlichen Malerei abwenden und die neue Figuration begründen.

Mit ihren malerischen Werken und ihrer Betonung der Malerei als Malerei haben die drei »Malerfürsten« der westdeutschen Kunst wesentliche Impulse gegeben, sich weiterzuentwickeln. Ihre Gemälde befreiten die Kunst von der abstrakten Malerei und öffneten sie wieder auch für Inhalte jenseits der Formexperimente.

Mundartliteratur hat es in Deutschland immer und überall schwer gehabt: Sie galt immer als Sprache des Volkes, ein bäurischer, unfeiner Dialekt, während die »richtige« Literatur natürlich auf Hochdeutsch geschrieben wurde. Immerhin hat auch Goethe ein breites Frankfurterisch, Schiller tiefstes Schwäbisch gesprochen, zeitlebens. Geschrieben haben sie Schriftdeutsch. Andernfalls hätte sie das Schicksal der meisten Mundartdichter ereilt: Sie wären vergessen worden, statt die großen deutschen Klassiker zu werden.

Johann Peter
Hebel 1795.

Dennoch hört man auch bei Schiller mundartliches Schwäbisch in seinen Texten: Vieles reimt sich nur, wenn es schwäbisch ausgesprochen wird, zum Beispiel »Tür« auf »Tier«, »Kiel« auf »Gefühl«.

Schiller benutzte typische Dialektwendungen, schrieb »greinen« statt »weinen«, »du verfrierst« statt »du erfrierst«, »Kuddeln« statt »Eingeweide«. Bei Goethe kann man hessische Ausdrücke nachweisen: Die Stelle aus dem »Urfaust«: »Wie Himmelskräfte auf und nieder steigen / Und sich die goldenen Eimer reichen« reimt sich nur, wenn man es »frankfordderisch« ausspricht: »auf und nieder steichen« … Oder: »Ach, neige / Du Schmerzenreiche« …

Selbst als die Romantik die Volkslieder und Volkserzählungen und -märchen entdeckt, bleibt es mit wenigen Ausnahmen beim Hochdeutsch der oft nur mündlich überlieferten Literatur. Einer dieser Sonderfälle und si-cherlich der bekannteste ist Johann Peter Hebel. 1760 in Basel geboren (1826 gestorben), in Hausen in der Nähe von Lörrach aufgewachsen, wird er 1791 Hofdiakon und Lehrer in Karlsruhe, später sogar Direktor des »Gymnasium illustre«. Seine »allemannischen« Gedichte erscheinen 1803 anonym, 1804 unter seinem Namen, und Goethe ist voll des Lobs: Hebel habe »auf die naivste, anmutigste Weise durchaus das Universum verbauert«. Goethe meint sogar, man dürfe die Gedichte nicht ins Hochdeutsche übertragen: »Einen solchen Dichter muss man im Original lesen! Dann muss man halt diese Sprache lernen!« Gelobt wird vor allem die Einheit von Volkstümlichem, in der Re-

gion Verwurzeltem mit tiefen, philosophischen Gedanken, die bei Hebel oft an die Vergänglichkeit allen Seins mahnen. In seinem Gedicht »Freude in Ehren« heißt es am Anfang noch:

»Ne Trunk in Ehre,
wer will's verwehre?
Trinkt 's Blüemli nit si Morgethau?
Trinkt nit der Vogt si Schöppli au?
Am Werchtig hemmer gschaft,
drum bringt der Rebesaft
am Sunntig neui Chraft.«

Das Gedicht schließt dann mit

»Wenn d'Glocke schalle,
wer hilftis alle?
O gebis Gott e sanfte Tod!
e rüeihig Gwisse gebis Gott,
wenn d'Sunn am Himmel lacht,
wenn alles blizt und chracht,
und in der lezte Nacht!«

Aber Hebel ist bis heute der einzige badische Mundartdichter, dem die Poeten der Nation ihren Respekt zollen. Schnell gleitet die Mundartliteratur wieder ins Putzige oder Gefällige, Hebel bleibt das große Vorbild, das seine vielen Epigonen nicht erreichen.

Erst in den 1970er-Jahren entdeckt man die vor allem Identität schaffende Kraft der Mundart wieder. In den Protesten gegen das Atomkraftwerk in Wyhl am Kaiserstuhl, das die Landesregierung um Ministerpräsident Hans Karl Filbinger durchsetzen will, greift die Bevölkerung wieder auf das Alemannische zurück. Die Lieder von Walter Mossmann (1941–2015) werden zu Klassikern der Anti-AKW-Bewegung, und so singt man auch in Brokdorf »In Mueders Stübele, do goht der hm hm hm / In Mueders Stübele, do goht der Wind.« Mossmann und sein Kollege Roland »Buki« Burkhart oder das Orchester »Rote Note« mit Freia Hoffmann und Mechthild Fuchs beleben die politische Diskussion mit Mundart und Musik, lassen aber auch politische Piratensender entstehen wie das »Radio Dreyeckland«, heute das älteste freie Radio der Republik, eine Idee von Walter Mossmann.

Heute sind die meisten Mundartdichter oft nur in ihrem eigenen Verwandten- und Bekanntenkreis bekannt, in ihrem Heimatort. Jede Mundart ist regional begrenzt und manchmal schon im nächsten Dorf anders. Zudem hat die Mundartliteratur in Inhalt und Form meist nichts Neues zur Entwicklung der Literatur beizutragen. Oft sind es sogar nur Witze, die im Dialekt erzählt werden. Ulrike Derndinger, eine noch relativ junge, preisgekrönte Autorin aus dem Südbadischen, meint, allzu viele Mundarttexte würden unter drei Sachen leiden: »Blut und Boden, bräsig, banal.«

Eine Ausnahme ist Harald Hurst, dessen Buchauflagen in die Zehntausende gehen, dessen Auftritte in ganz Baden legendär sind. Seine Alltagsbeobachtungen sind fein, ironisch, hintersinnig beschrieben und manchmal mit einer leichten Melancholie gewürzt. Aber auch er ist, obwohl der Star der heutigen Mundartdichter, auf Baden beschränkt, seine hochdeutsch geschriebenen Texte haben den Sprung über den badischen Tellerrand nicht geschafft.

Dennoch ist und bleibt die Mundartszene lebendig, auch wenn ihr Wirkungskreis meist begrenzt ist. Immer wieder gibt es neue, junge Mundartdichter, die sich damit profilieren wollen, Gruppen, in denen man sich austausch. Es gibt Preise für Mundartdichtung und sogar Berührungen mit Rap und Slam Poetry. Derndinger bringt es auf den Punkt: »Mein oberstes Gebot bei allem: Ein schlechter Text wird durch Alemannisch nicht besser.« Was überdies nur der Dialekt schafft, sind die Stimmungen, die Klang und Wörter erzeugen: »Fassungslos gratulierte mir mal ein Mittvierziger zur Entdeckung des Alemannischen: ›Un wiä hän mir uns immer vor de Stadtkinder fir unseri Sprooch gschämmt!‹ Ihm war ein Licht aufgegangen, dass Dialekt nichts mit Dummheit und ewig gestrig zu tun hat.«

Neue Sachlichkeit

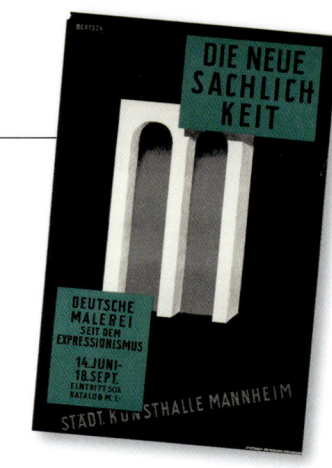

Es kommt ja nicht oft vor, dass eine Kunstepoche im Ländle erfunden wird, obwohl es ja an großen Künstlern und wunderbaren Ausstellungshäusern wie der Staatlichen Kunsthalle Karlsruhe keinen Mangel hatte und hat. Eine große Ausnahme ist die »Neue Sachlichkeit«. Gustav Hartlaub, Direktor der Kunsthalle Mannheim, hat den Begriff erfunden und sagt bei seiner Eröffnungsrede der Ausstellung 1925: »Was wir zeigen, ist allein, dass die Kunst noch da ist, dass sie zu Neuem, Ungesagtem ihr Recht erkämpft. Dass sie lebt – trotz einer kulturellen Situation, die dem Wesen der Kunst so feindlich scheint wie selten ein Zeitalter es war.«

Plakat von Karl Bertsch zur Ausstellung 1925 in Mannheim.

Gegenüberliegende Seite: »Arbeit schändet«, Aquarell von Georg Scholz, 1920/21.

Die kulturelle Situation, geprägt vom wirtschaftlichen Desaster der Weimarer Zeit, der Weltwirtschaftskrise und der Inflation war für Hartlaub in zwei Extreme gespalten, wie er 1922 schrieb: »Ich sehe einen rechten, einen linken Flügel. Der eine konservativ bis zum Klassizismus (…) Der andere, linke Flügel, grell zeitgenössisch (…) wahres Gesicht unserer Zeit.« Eine neue Art von Naturalismus, mit veränderten malerischen Mitteln.

Er schreibt an Künstler und Galeristen, um dieses »wahre Gesicht« der Zeit auszustellen. Am 14. Juni 1925 ist es dann so weit. Die Ausstellung »Neue Sachlichkeit – Deutsche Malerei seit dem Expressionismus« präsentiert

in 144 Bildern 32 kritische Künstler, die sich mit der Innerlichkeit oder einem künstlerischen Formalismus nicht abfinden wollen: Maler, die »in den letzten zehn Jahren weder impressionistisch aufgelöst, noch expressionistisch abstrakt, weder rein sinnenhaft äußerlich, noch rein konstruktiv innerlich« arbeiteten. Sondern einen sachlichen, schonungslosen Blick auf die Gesellschaft werfen, unter anderen George Grosz, Rudolf Schlichter und Christian Schad in Berlin, Otto Dix und Conrad Felixmüller in Dresden, Karl Hubbuch, Georg Scholz und Wilhelm Schnarrenberger in Karlsruhe. Max Beckmann, Felix Nussbaum, Rudolf Schlichter, Alexander Kanoldt, Georg Schrimpf, Carlo Mense und Anton Räderscheidt sind in der Ausstellung vertreten, auch einige Frauen: Hella Jacobs, Grethe Jürgens, Jeanne Mammen, Elfriede Lohse-Wächtler, Liselotte Schramm-Heckmann und Elsa Haensgen-Dingkuhn. Gegenständlich, kühl, hart war ihre Kunst, neoklassizistisch dämonisch, gelegentlich auch kritisch karikierend, soziale Missstände aufspießend. Selbst wenn die Künstler keine Kommunisten oder Linksradikalen waren, ihr Blick auf die Wirklichkeit beschönigte nichts, und ihr Pinselstrich war zumeist gnadenlos präzis. »Es gilt die Dinge zu sehen, wie sie sind«, betont Otto Dix.

Und George Grosz, wohl der Engagierteste unter ihnen, sagt: »Brutalität! Klarheit, die wehtut! Zum Einschlafen gibt's genügend Musiken! Pinsle, was das Zeug hält – fang die rasende Zeit ein.« Wie viele seiner Mitkünstler kritisiert er die »Wolkenwanderungstendenzen« der Konservativen und wendet sich gegen die Maler, »deren Anhänger über Kuben und Gotik nachsannen, während

die Feldherren mit Blut malten«. Bis zur Karikatur geht er, in deutlicher, treffender Überzeichnung, stellt das in der Krise fett gewordene Bürgertum und das arrogante Militär bloß, zeigt Kriegsgewinnler und Kriegsversehrte, Reichtum und Armut, den Glanz der »Goldenen Zwanziger« und das Elend: Denn so golden waren sie für die meisten nicht.

Die Neue Sachlichkeit ist eine Gegenströmung zum herrschenden Expressionismus, will nicht das Innenleben ausdrücken, sondern die neue Wirklichkeit. Darin trafen sich alle neusachlichen Maler, bei allen sonstigen Unterschieden. Deswegen bevorzugen sie Genres wie das Stillleben, (Groß-)Stadt- und Architekturbilder und Porträts, in denen häufig »die moderne Frau« abgebildet wird: Emanzipiert, mit Bubikopf und Zigarette in der Hand, schaut sie selbstbewusst aus dem Bild. Auch die Welt der Technik rückt immer mehr ins Visier der Maler. Aber anders als etwa bei den Futuristen wird sie möglichst wirklichkeitsnah und in vielen Details wieder-

gegeben. Ein strenger Bildaufbau, eine scharfe Zeichnung mit Dominanz der Linie und eine exakte, altmeisterlich ausgeführte Malerei waren zumeist die stilistischen Kennzeichen der Neuen Sachlichkeit. Dabei bleiben einige Künstler immer noch konservativ, wie Schrimpf, Mense und Kanoldt, die eher in einem zeitlos-idyllischen Stil malen. Dennoch: Auch sie sind in ihren Werken messerscharf und bis zur Schmerzgrenze klar.

Die Schau macht Furore, eine neue Epoche hat begonnen, und die Ausstellungsbesucher können sagen, sie seien dabei gewesen. Ab Oktober 1925 reist sie durch Deutschland und ist in jeweils veränderter Form in Dresden, Chemnitz, Erfurt und zuletzt in Dessau zu sehen.

Unwiderruflich zu Ende ist die Neue Sachlichkeit 1933. Für den Herbst dieses Jahres versucht Hartlaub, eine Fortsetzung der Ausstellung unter dem dem Nazijargon angepassten Titel »Deutsche Provinz (Erster Teil) – Beschauliche Sachlichkeit« zusammenzustellen. Im März aber wird er von den Nazis entlassen. Er ist genauso verfemt wie die Künstler, die er ausgestellt hat. Einige wie Max Beckmann fliehen ins Ausland oder gehen in die innere Emigration wie Otto Dix, der sich auf der Höri niederlässt. Erst nach dem Krieg wird Hartlaub als herausragender Kunsthistoriker wiederentdeckt und erhält eine Honorarprofessur in Heidelberg. Aber Ausstellungen hat er nie wieder kuratiert.

In Baden wird nicht nur gelebt und gearbeitet, in Baden wird auch gedacht. Und zwar schon sehr lange. Die ersten Philosophen von europäischem Rang sind wohl die Humanisten, und deren Hochburg lag am Oberrhein, im heutigen Baden, im Elsass und in Basel. Neben Erasmus von Rotterdam, der eine Weile in Freiburg lebte, waren das vor allem der Hebraist Johannes Reuchlin aus Pforzheim und der Gräzist und Reformator Philipp Melanchthon aus Bretten.

Karl Jaspers 1946.

Viele Reformatoren sind zugleich große Denker, die versuchen, die neue Konfession zu etablieren und zu erklären. Auch die Universitäten des Landes in Freiburg und Heidelberg, mit die ältesten Deutschlands, fördern das freie Denken, den Austausch von Ideen.

Die Freiburger Universität hat exzellente Köpfe aufzuweisen. Der Kartäusermönch Gregor Reisch publiziert 1503 das Lehrbuch der Artistenfakultät, die Enzyklopädie »Margarita Philosophica«. Unter seinen Schülern sind Johannes Eck, der spätere Gegner Luthers, Martin Waldseemüller, der Erfinder des Namens Amerika, und Sebastian Münster, der Verfasser einer berühmten »Cosmographia«, einer ersten Enzyklopädie des Wissens.

Das 20. Jahrhundert ist in Freiburg die Zeit der Phänomenologie. Edmund Husserl veröffentlicht 1913 seine grundlegenden »Ideen zu einer reinen Phänomenologie und phänomenologischen Philosophie«. Martin Heidegger schreibt basierend auf den Arbeiten seines Lehrers Husserl, der Lebensphilosophie Wilhelm Diltheys und der Existenzdeutung Sören Kierkegaards mit »Sein und Zeit« (1927 veröffentlicht) ein epochales Werk, an dem die Gelehrten noch hundert Jahre später heruminterpretieren. Schuld daran ist auch die etwas esoterische Sprache, mit der Heidegger seinem Gegenstand gerecht werden will. Politisch ist er bestenfalls naiv, was sich in seiner Rektoratsrede 1933 zeigt:

Titelseite der »Margarita philosophica« von Gregor Reisch 1503.

Er erweist den Nationalsozialisten seine Reverenz, indem er von der »Größe und Herrlichkeit dieses Aufbruchs« redet. Bei einer Bücherverbrennung sagt Heidegger dann auch noch: »Flamme künde uns, leuchte uns, zeige uns den Weg, von dem es kein Zurück mehr gibt.« Seine junge Geliebte, die Freiburger Philosophin Hannah Arendt, die 1928 mit »Der Liebesbegriff bei Augustin« promoviert, muss wie Günter Anders oder Hans Jonas und viele andere jüdische Philosophen und Gelehrte fliehen. Sie wird später eine der schärfsten politischen Denkerinnen und erfindet unter anderem das Wort von der »Banalität des Bösen«, als sie über den Eichmann-Prozess in Jerusalem schreibt. Heidegger darf nach dem Krieg nicht mehr lehren.

Karl Jaspers beschäftigt sich in Heidelberg mit dem »Sein als Ganzes«, mit Immanenz und Transzendenz. Im Nationalsozialismus geht er in die »innere Emigration« und 1945 trägt er entscheidend zur Wiedereröffnung der Heidelberger Universität bei, zusammen mit dem Juristen Gustav Radbruch, dem Arzt Alexander Mitscherlich und anderen. Als Nachfolger von Jaspers legt Hans-Georg Gadamer mit seinem Buch »Wahrheit und Methode« (1960) die Grundlage für die philosophische Hermeneutik. Der Geschichtsphilosoph Karl Löwith kehrt aus dem Exil zurück, der Philosoph Wilhelm Szilaszi wird Nachfolger von Heidegger, dessen Schüler er war, und Wolfgang Iser entwickelt 1972 mit »Die Appellstruktur der Texte« in Konstanz die Wirkungsästhetik.

Aber es sind nicht immer nur die großen, alten Universitäten, an denen Philosophie betrieben wird. In Karlsruhe lehrte an der jungen Hochschule für Gestaltung viele Jahre lang Peter Sloterdijk, eine höchst umstrittene Persönlichkeit, die durch Medienauftritte ein großes Publikum um sich geschart hat.

Reformation

Die Reformation ist eine badische Errungenschaft? Auch. Zwar hat Martin Luther vor 500 Jahren in Wittenberg mit seinen 95 Thesen den zentralen Impuls für die Reformation gesetzt, aber der Südwesten hat darin auch eine Rolle gespielt – die Disputation in Heidelberg sehen viele spätere Reformatoren, und viele Fürsten und die aufständischen Bauern übernehmen recht schnell den neuen Glauben in unterschiedlichen Variationen.

Der Reformator Ambrosius Blarer aus Konstanz.

Mit seiner Kritik an den Missständen in der Kirche ist Luther einer Meinung mit vielen Aufständischen, die gerade in Baden sehr aktiv sind wie die Bundschuhbewegung. Die Bauern des folgenden Bauernkriegs berufen sich auch direkt auf ihn und seine Schrift »Von der Freyheith eines Christenmenschen« von 1520, in der es heißt: »Ein Christenmensch ist ein freier Herr über alle Dinge und niemand untertan.«

Aber Luther kritisiert nicht nur die Missstände, er entwickelt auch ein neues Verständnis der Bibel: Für ihn gilt nur Gottes Gnade, die man nicht erzwingen, auf die man nicht hinarbeiten kann. Auf die man sich nur vorbereiten kann und sie annehmen. »Sola gratia« ist das Schlagwort: »Allein durch Gnade« ist das Heil zu erlangen. Und die Kirche ist nicht mehr der notwendige Mittler zwischen Mensch und Gott, denn es steht ja alles in der Bibel: »sola scriptura«.

1518 wird Luther wegen seiner Thesen von Erzbischof Albrecht von Mainz in Rom angezeigt: Seine erste öffentliche Verteidigung erfolgt auf einem Ordenskapitel in Heidelberg im April 1518. An dieser »Heidelberger Disputation« nehmen viele spätere Reformatoren teil, Philipp Melanchthon, Martin Bucer, Johannes Brenz, Erhard Schnepf und Martin Frecht, die von Luthers Kritik begeistert sind. In Augsburg und Worms verteidigt er sich noch einmal, wieder erfolglos. Er flieht auf die Wartburg und übersetzt, mit Hilfe seines in alten Sprachen versierten Freundes Philipp Melanchthon, 1521 das Neue Testament in elf Wochen ins Deutsche. Etwas später übersetzt er auch das Alte Testament, beide werden Bestseller.

Schon ab 1522 treten die ersten Reformatoren öffentlich auf: Jakob Otter in Kenzingen im nördlichen Breisgau, Ambrosius Blarer 1523 in Konstanz. Und viele deutsche Fürstentümer nehmen den lutherischen Glauben an. Damit ändert sich nicht nur das kirchliche, sondern auch das tägliche Leben: Ehe, Armenfürsorge, Ordination der Priester und der Aufbau der neuen Kirche werden dem evangelischen Glauben angepasst. Und im »Augsburger Religionsfrieden« wird 1555 festgelegt, dass der Landesherr bestimmt, welcher Religion seine Untertanen anhängen: »cuius regio, eius religio« – »wessen Gebiet, dessen Religion«. Die Kurpfalz geht einen Sonderweg: Manche Kurfürsten (Ludwig V. und sein Nachfolger Friedrich II.) sind zwar katholisch, lassen aber die Reformation in ihrem Land zu – Philipp Melanchthon hat Ludwig in diesem Sinn beraten. Friedrich II. nimmt sogar am Abendmahl nach evangelischem Ritus teil. Andere sind mal Lutheraner, dann Calvinisten wie Ottheinrich und sein Nachfolger Friedrich III. Zwar zieht die Kurpfalz Calvinisten aus allen Ländern an, auch die Waldenser und Hugenotten, und die kurpfälzische Wirtschaft und die Heidelberger Universität profitieren von diesem Zuzug, weil die neuen Bürger gute Handwerker sind und neues Wissen mitbringen. Allerdings kann Ottheinrich den Calvinismus in der Bevölkerung nicht durchsetzen, sie bleibt lutherisch.

1563 erscheint ein Hauptwerk des Protestantismus: der »Heidelberger Katechismus«, Ottheinrich lässt ihn als Grundlagenwerk publizieren. Er hat in 129 Fragen und Antworten (»Catechesis Palatina«) drei Hauptinhalte: die Erkenntnis, dass die Menschen Sünder sind, aber erlöst werden können und dafür dankbar sein müssen. Wie schon bei Luther werden Menschen nicht durch gute Werke erlöst, sondern allein durch die Gnade Gottes. Noch heute ist der »Heidelberger Katechismus« der geläufigste in der reformierten Kirche, ein praktisches Unterrichts- und Gebetsbuch für Kirche und Schule.

Nach Luther ist der zweitwichtigste Reformator Philipp Melanchthon aus Bretten. Er schreibt mit Johannes Brenz das Augsburger Bekenntnis, eine Dogmatik, Bibelkommentare und gibt Luthers Werke heraus.

Während der nördliche Teil von Baden 1556 lutherisch wird, bleibt der südliche katholisch und engagiert sich sogar in der Gegenreformation, mit all ihren Auswüchsen wie Hexenverbrennung und Zwangskonvertierung. 1580 werden allein 18 Frauen aus Rastatt, Baden-Baden und Kuppenheim öffentlich verbrannt. Erst spät setzt sich die gegenseitige Toleranz durch, zuvor muss noch der Dreißigjährige Krieg drastisch zeigen, wohin Intoleranz führt.

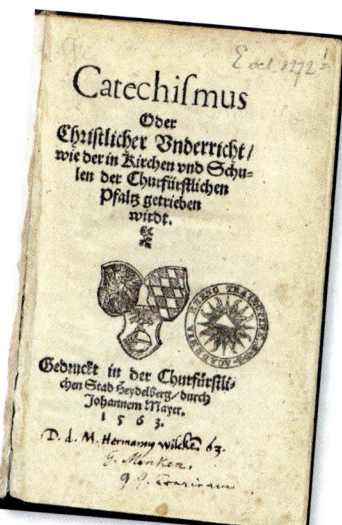

Gegenüberliegende Seite: Gedächtnishalle im Melanchthonhaus in Bretten.

Der Heidelberger Katechismus, 1563.

Reichenau

Die Reichenau ist eine einzigartige Perle, für ihre Geschichte in ganz Deutschland berühmt. Im frühen Mittelalter war sie eines der geistigen Zentren der westlichen Welt. Auch die UNESCO hat das gemerkt und die Insel mitsamt Kirchen und Kloster 2000 zum Weltkulturerbe ernannt.

Für Reisende beginnt die Geschichte gleich am Anfang der Insel auf der rechten Seite mit der Georgskirche: Eine der ältesten erhaltenen Kirchen Deutschlands, entstand sie im ausgehenden 9. Jahrhundert als spätkarolingische Kirche, in ihrer unterirdischen Krypta beherbergt sie das Haupt des heiligen Georg, oder wenigstens

Vor dem Jahr 1000 geschaffene Wandmalerei in der Kirche St. Georg / Reichenau-Oberzell: Jesus beruhigt einen Sturm auf dem See Genezareth.

Gegenüber-liegende Seite: Die Insel Reichenau.

Stücke davon. Der Mainzer Erzbischof und Reichenauer Abt Hatto III. hatte 896 in Rom von Papst Formosus Reliquien bekommen und verteilte sie auf verschiedene Klöster.

Die bedeutenden Wandmalereien der Kirche, die auch zu dieser Zeit und etwas später entstanden, gelten als Hauptzeugnisse der Malerei des Klosters Reichenau. Sie haben die Jahrhunderte gut überstanden und der Kunsthistoriker Hans Jantzen sagt: »Abgesehen von (…) Bruchstücken in Trier, in Echternach, Fulda und anderen Orten, gibt es nur eine einzige Kirche, die uns anschaulich noch einen Gesamteindruck von der Ausmalung eines Sakralraumes in der Zeit vor der Jahrtausendwende zu vermitteln vermag«: St. Georg auf der Reichenau. Die Wandmalereien zeigen Wundertaten aus dem Leben Jesu, Heilungen, Auferweckungen (auf der Seite zum Friedhof) und die Beruhigung des Sturms auf dem See Genezareth (auf der Seite zum See hin).

Am bekanntesten ist wohl das Spottbild über die Kuhhaut, das neben den Altarstufen zu sehen ist und aus dem 14. Jahrhundert stammt. Dort heißt es:

> »Ich wil hie schribvn
> von diesen tvmben wibvn
> was hie wirt plapla gvsprochvn
> vppigs in der wochvn
> was wirt allvs wol gvdaht
> so es wirt für den richtvr braht«

(»Ich will hier von den dummen Weibern schreiben; was hier an Blabla die ganze Woche geredet wird, dessen wird gedacht werden, wenn es einmal vor dem Richter steht.«)

Das Gedicht steht auf einer Kuhhaut, die von vier Teufeln im Kreis gedreht wird. Und es war gar nicht mal so sehr an die Gemeinde gerichtet, sondern an den Priester …

In Mittelzell steht das Kloster. Die Benediktinerabtei wird 724 von Pirminius gegründet und ist ab 1540 Priorat des Konstanzer Bischofs,

Das Geschwätz, das auf keine Kuhhaut geht, wird in einem Wandbild getadelt.

in der karolingischen Zeit ist es eines der bedeutendsten Klöster und eines der großen kulturellen und wissenschaftlichen Zentren Deutschlands. Abt Waldo (786 bis 806) gründete die Reichenauer Gelehrtenschule, Abt Haito (806-823 baute das Marienmünster in Mittelzell, im Chor wurde 888 Kaiser Karl der Dicke beerdigt. Abt Walahfrid Strabo schrieb dort im Jahre 824 die »Visio Wettini« und um 840 das frühe botanische Werk »Liber de cultura hortorum« (»Von der Pflege der Gärten«). Noch heute wird ein kleiner Kräutergarten im Kloster gepflegt, der »Hortulus«. Die Reichenauer Malschule, die im 10. und 11. Jahrhundert Manuskripte phantasievoll ausschmückt und einige der prächtigsten Buchmalereien Europas schafft, hinterlässt unter anderem das Evangeliar Ottos III. und das Evangeliar aus dem Bamberger Dom. 267 Pergamenthandschriften, 162 Papierhandschriften, 212 Fragmente und viele Inkunabeln aus dem Kloster werden in der Badischen Landesbibliothek in Karlsruhe aufbewahrt – allesamt Weltdokumentenerbe. Auch in der Goldschmiedekunst sind die Mönche unübertroffen und schmieden unter anderem 955 die Reichskrone für Otto den Großen und 1351 den Abtsstab, außerdem die Schreine der Inselheiligen Johannes und Paulus, Fortunatus und Markus.

Evangeliar Kaiser Ottos III. aus der Reichenauer Malschule, um das Jahr 1000.

Revolution 1848

Der Aufstand 1848 war nach dem großen Bauernkrieg der zweite Versuch, auch gewaltsam gerechte Zustände in Deutschland herzustellen. Es ging um eine bürgerliche Demokratie. Und die deutsche Revolution fand vor allem in Baden statt.

Nach den Kriegen gegen Napoleon von 1802 bis 1815 gärte es in ganz Europa, es gab Reformen, 1830 in Frankreich eine Revolution gegen den allzu reaktionären König, der durch einen liberalen ersetzt wurde. Im gleichen Jahr revoltierten die Belgier und die Polen, die Schweizer und Italiener. Angeregt von den französischen Revolutionen 1789, 1830 und 1848 wollte auch das deutsche Bürgertum endlich die demokratischen Rechte, ein einiges Deutschland, ein frei gewähltes deutsches Parlament und freien Handel. Auch in Baden setzte man sich dafür ein, vor allem für Pressefreiheit. Zeitweilig war die Zensur aufgehoben und es erschienen auch liberale Artikel, Übernahmen von ausländischen Zeitungen, bis sie auf Druck von Preußen und Österreich wieder eingeführt werden musste. 1846, unter dem liberalen Innenminister Johann Baptist Bekk, lockerte sich die Zensur wieder, einige Zeitungen ergriffen die Gelegenheit, die Regierung offen zu kritisieren, wie die Konstanzer »Seeblätter« von Joseph Fickler, die in Mannheim von Friedrich Daniel Bassermann herausgegebene »Deutsche Zeitung« und das »Mannheimer Journal« von Gustav Struve.

Im Programm, das die Radikalen am 12. September 1847 im Offenburger Gasthaus Salmen beschlossen, wurde auch »die Ausgleichung des Missverhältnisses zwischen Arbeit und Capital« gefordert: zu radikal für die meisten,

Das frühere Gasthaus Salmen in Offenburg, Treffpunkt der radikalen Demokraten, heute Kulturstätte.

und Volksbewaffnung, am 1. März demonstrierten tausende Demokraten vor dem Ständehaus in Karlsruhe, obwohl der Großherzog bereits Reformen zugesichert hatte. Am 19. März trafen sich die radikalen Liberalen in Offenburg, unter ihnen Friedrich Hecker und Gustav Struve, beide Abgeordnete im Frankfurter Vorparlament, das die Wahlen für eine verfassunggebende deutsche Nationalversammlung vorbereiten sollte. Sie stellten 13 Forderungen auf, unter anderem eine »Vertretung des Volkes beim deutschen Bund« und »Gesetze, welche freier Bürger würdig sind und deren Anwendung durch Geschworenengerichte«, Presse-, Glaubens- und Gewissensfreiheit. Und eine Republik. Damit blieben sie allerdings in der Minderheit.

Heckers und Struves Versuch, jetzt einen gewaltsamen Umsturz zu erzwingen, blieb aber erfolglos. Am 13. April marschierte ein Trupp von 50 Mann von Konstanz durch Südbaden, ihnen schlossen sich knapp 1000 Männer an. Bei Kandern wurden sie von badischen und hessischen Truppen besiegt. Ein Zug unter der Leitung von Franz Sigel mit 3000 Männern wurde in der Nähe von Freiburg ebenso aufgerieben.

Die Revolutionärin Emma Herwegh kämpfte für Demokratie und Frauenrechte.

Die Flucht des Großherzogs Leopold aus Karlsruhe am 13. Mai 1849 in einer Karikatur der Zeit.

Greif, Greif! ich wittre Morgenluft;
Greif, tummle dich von hinnen!

besonders für das Besitzbürgertum, das vor allem am freien Handel interessiert war.

Am 27. Februar 1848, drei Tage nach dem Sturz des französischen Königs, forderte eine Bürgerversammlung in Mannheim Pressefreiheit, ein deutsches Parlament

Gustav Struve und die Freischärler in Lörrach 1848.

Hecker und viele andere flohen in die Schweiz oder nach Amerika, wo viele von ihnen noch einmal eine Karriere in Lincolns Armee oder sogar als Politiker machten.

Struve rief noch einmal am 21. September in Lörrach die deutsche Republik aus, er scheiterte schon drei Tage später in einer Schlacht bei Staufen. Der bewaffnete

Aufstand war damit gescheitert. Und auch das deutsche Parlament: Denn Friedrich Wilhelm IV. von Preußen weigerte sich im April 1849, die Kaiserkrone aus den Händen des Frankfurter Parlaments anzunehmen.

Am 11. Mai revoltierte daraufhin in Rastatt das Militär, die Garnisonen in Karlsruhe und an anderen Orten schlossen sich an. Am 13. Mai gab es Schießereien in Karlsruhe, der Großherzog floh, die meuternden Soldaten rückten in Karlsruhe ein. Eine »Exekutiv-Commission« übernahm die badische Regierung und machte Lorenz Brentano zum Präsidenten: Baden war Republik geworden. Die Demokraten warfen den deutschen Fürsten jetzt »Hochverrath an Volk und Vaterland« vor und sahen sich »also im Stande der Nothwehr«. Am 9. Juni erklärte Großherzog Leopold seinem Volk den Krieg. Unterstützt von 100 000 preußischen Soldaten kämpfte er die 45 000 Soldaten der Demokraten nieder. Der preußische Kronprinz Wilhelm wurde später in Baden »Kartätschenprinz« genannt.

Die Demokraten mussten schließlich vor der Übermacht am 23. Juli kapitulieren. Sie wurden in der Festung Rastatt, in der sie sich verschanzt hatten, festgesetzt und nach preußischem Standrecht zu langen Haftstrafen abgeurteilt, es kam auch zu Hinrichtungen. Die Preußen benahmen sich wie eine Besatzungsarmee, behandelten die Demokraten wie Terroristen. Das preußische Kriegsrecht über Baden verbot das Tragen von roten Federn oder Kokarden und natürlich des Heckerhuts, das Singen

des Heckerlieds, alle politischen Vereine und natürlich war auch der »Druck von Flugschriften, Tagesblättern sowie jeder öffentliche Anschlag« verboten.

Erst 1852 endete der Ausnahmezustand. Unter Leopolds Nachfolger Friedrich, der als Prinz Friedrich 1852 Regent wurde und 1856 Großherzog, verbesserte sich das Klima zwischen Regierung und Volk wieder. 1862 verkündete Friedrich sogar eine Amnestie für die Demokraten.

Der Zug der Revolutionäre von Lörrach nach Müllheim.

Rhein

Seerhein, Hochrhein, Oberrhein: Schön ist er überall. Am grandiosesten wohl am Rheinfall bei Schaffhausen – der ist allerdings auf der Schweizer Seite: »Der Rhein bei Schaffhausen tut einen solchen Schuss in die Tiefe, dass er das Laufen vergisst und sich besinnt, ob er Dunst werden oder Wasser bleiben will. Wenn man ihn zum ersten Mal erblickt: so sieht man lauter Dunststaub wie Silberrauch in der Luft. Sein Brausen in der Ferne scheint wie Harmonie, in welche einzelne Flutenschläge die Melodie machen. Es ist eine erschreckliche Gewalt, und man erstaunt, wie die Felsen dagegen aushalten können.«

So bildhaft beschreibt der Schriftsteller Wilhelm Heinse 1780 in seinem Tagebuch den Rheinfall. Auch andere Autoren haben über den Rheinfall geschrieben, waren beeindruckt oder überwältigt, und viele Maler haben ihn porträtiert.

Nicht so spektakulär sind Seerhein und Hochrhein. Der vier Kilometer lange Seerhein zwischen Konstanz und dem Untersee wird von einigen Bächen gespeist und bildet die Grenze zur Schweiz, er ist unter anderem mit dem moorig-sumpfigen, schilfrohrigen Schweizer Riet und dem deutschen Wollmatinger Riet für viele Vögel ein ungestörtes Schutzgebiet.

Der Hochrhein zwischen Stein am Rhein, wo der Bodensee quasi aufhört, bis zum Basler Knie bildet nur teilweise die Staatsgrenze – einige Teile sind rechts und links

Der Goldkanal am Oberrhein bei Illingen ist ein ehemaliger Flussarm, in dem Gold gesucht wurde und seither Kies ausgebaggert wird.

von der Schweiz umschlossen, es gibt aber auch die deutsche Exklave Büsingen, die früher immer zu Österreich gehört hatte, dann württembergisch und schließlich 1810 badisch wurde. 1918 stimmten 96 Prozent der Büsinger für einen Anschluss an die Schweiz, aber da die Schweiz nichts Passendes zum Tausch anbieten konnte, blieb der Ort deutsch. In den Hochrhein fließen mehrere große Nebenflüsse, wobei die Aare sogar wasserreicher ist – eigentlich ist also der Rhein ein Nebenfluss der Aare, jedenfalls aus hydrologischer Sicht.

Der anschließende Oberrhein mäanderte jahrhundertelang gemütlich in Schlaufen und Schlingen gen Norden, bis er ins Meer floss. Verlegte immer wieder seinen Lauf, überschwemmte Dörfer, Felder und Wälder. Und es herrschte und herrscht ein ganz besonderes Klima im Oberrheingraben: Es ist heiß, feucht und stechmückenverseucht, sodass viele Jahre Missionare und Soldaten dort für ihren Einsatz in Afrika trainiert wurden. Zum Glück gibt es außer den Stechmücken noch andere Tiere im und am Rhein: Er ist ein wichtiges Brut-, Lebens- und Überwinterungsgebiet für viele Vögel wie Blässhühner, Enten, Haubentaucher und Kormorane – mehr als 40 Vogelarten tummeln sich im Rhein und an seinen Ufern. Und es schwimmen auch wieder über 60 Fischarten im Rhein, nachdem er wieder etwas sauberer ist. Und alle sind essbar: Rotauge, Stint, Hecht, Wels, Neunauge, Äsche, Barbe, Döbel, Aal, Ukelei, Flussbarsch, Brachse, Sonnenbarsch und Zander, Marmorierte Grundel und Weißflossengründling. In früheren Zeiten war zum Beispiel der Lachs so häufig, dass er ein Arme-Leute-Essen war … Heute gibt es sogar auch wieder Wanderfische wie die Lachse, die über die Fischtreppen gegen den Strom schwimmen und am Oberlauf und in den Nebenflüssen laichen.

Lange Zeit war der Rhein vor allem für Baden ein wichtiger Grenzfluss. So sehr, dass ein Lied, das 1854 komponiert wurde, zur inoffiziellen Nationalhymne wurde: »Die Wacht am Rhein«. Vor allem nationa-

listische Kreise benutzten es gegen den »Erzfeind« Frankreich, noch bis in den Zweiten Weltkrieg.

>»Es braust ein Ruf wie Donnerhall,
Wie Schwertgeklirr und Wogenprall:
Zum Rhein, zum Rhein, zum deutschen Rhein!
Wer will des Stromes Hüter sein?«

Und der Refrain lautet:

>»Lieb' Vaterland, magst ruhig sein,
Fest steht und treu die Wacht, die Wacht am Rhein!«

Beschworen wird der »deutsche Jüngling, fromm und stark«, der »schwört mit stolzer Kampfeslust: ›Du Rhein bleibst deutsch wie meine Brust.‹« Texter war übrigens der Württemberger Max Schneckenburger.

Zurück zum Fluss: Um das Mäandern und die Überschwemmungen zu verhindern, die die Anrainer nicht nur schädigten, sondern manchmal auch Leben kosteten, werden schon früh Dämme und Wehre errichtet. Aber erst Anfang des 19. Jahrhunderts gibt es technische Möglichkeiten, den Rhein zu begradigen und in ein festes, unveränderliches Flussbett zu zwingen. 1817 beginnt der

Ingenieur Johann Gottfried Tulla das gigantische Großprojekt und kürzt den Rhein um 81 Kilometer, ein Viertel seiner Länge. 1816 hat ein besonders schlimmes Hochwasser einen Teil der Pfalz überschwemmt, das pfälzische Dorf Wörth wurde dabei fast zerstört. Jetzt arbeiten die badische und die pfälzische Regierung zusammen, ab 1818 beteiligen sich auch die Franzosen am Großprojekt. 1817 gelingt bei Knielingen in der Nähe von Karlsruhe der erste Durchstich, die erste Rheinschlinge ist durchtrennt und begradigt, die alte Schlinge wird zum fast stehenden Gewässer, einem Altrheinarm – heute oft ein schönes dschungelartiges Biotop.

Tulla ist der Ansicht, es sollten »in kultivierten Ländern die Bäche, Flüsse und Ströme Kanäle sein und die Leitung der Gewässer in der Gewalt der Bewohner stehen«. Der Schutz der Menschen ist ihm wichtig, auch die Gewinnung von Land und die Sicherheit der Grenzen: Denn durch die großen Verlagerungen des Rheins lagen zum Beispiel bei Karlsruhe die »Daxlander Au« und die »Daxlander Wiesen« manchmal auf der rechten, manchmal auf der linken Seite des Rheins, waren also manchmal badisch, manchmal pfälzisch.

Tulla trennt die Kurven des Rheins mit geraden Schnitten und Durchstichen, befestigt den Rhein-Kanal und die Dämme mit Steinmauern und baut dahinter weitere Dämme. Allerdings fließt jetzt der Fluss schneller und gräbt sich tiefer in das Kanalbett. Staustufen werden

gebaut, um die Fließgeschwindigkeit wieder zu verringern. 1824 gibt es rheinabwärts eine Überschwemmung: Preußen und die Niederlande fordern 1826 erfolglos einen Baustopp, aus Angst vor weiteren Überschwemmungen. 1876 ist dann der Rhein insgesamt begradigt, die Schifffahrt durchgängig möglich – vorher war sie durch die Rheinkurven, Sandbänke und unterschiedliche Wasserstände sehr behindert. Der Fischfang wurde allerdings schwieriger, viele Fische wanderten ab oder wurden durch die höhere Fließgeschwindigkeit weggeschwemmt, und der Grundwasserspiegel sank. So musste man immer wieder nachbessern.

Rheinübergang zwischen dem badischen Kehl und dem französischen Straßburg vor 1840.

Schwarzwaldbahn

»Ich empfand nicht die geringste Beklemmung oder Schwierigkeiten im Athemholen«, schreibt Hofrat Dr. Georg Muhl in einer Denkschrift: »Die Schnelligkeit ist außerordentlich. Man kommt, wie durch einen Zauberschlag, von einem Orte zum andern, aber man vergesse auch nicht, daß die Eisenbahnen immer direct in möglichst gerader Linie von einem Orte zum andern führen.« Nicht alle, denn manchmal muss man auch Kurven fahren. Dr. Muhl meinte aber die ersten Bahnen, und die rasen in Baden mit einer Spitzengeschwindigkeit von 37 Kilometern in der Stunde das Rheintal entlang, ab 1840.

Es ist die erste Staatsbahn in Deutschland, von der Regierung gebaut. Denn in einem Bericht des »Comité für Eisenbahnen« an das Innenministerium heißt es: »Leistet die Eisenbahn, was sie verspricht, so ist ihr Besitz von solcher Wichtigkeit, dass mit Recht (…) zunächst die Frage gestellt wird, ob der Staat sich nicht zum alleinigen Herrn dieses wichtigen Kommunikationsmittels machen, auf eigene Kosten den Bau unternehmen soll. Wir glauben, diese Frage bejahen zu müssen.«

Das Rheintal ist eben, Schienen kann man hier ohne besondere technische Schwierigkeiten verlegen. Freiburg, Karlsruhe, Heidelberg, Mannheim sind relativ schnell miteinander verbunden, und es geht dann auch über den Rhein in die Pfalz. Aber mit den kleinen Orten im Schwarzwald ist es nicht ganz so einfach …

Zwischen 1863 und 1873 wird die Schwarzwaldbahn zwischen Offenburg und Singen gebaut, geplant und durchgeführt vom genialen badischen Ingenieur Robert Gerwig. Der »Vater aller Gebirgsbahnen« verwirklicht ein einzigartiges Kunststück: Es gelingt ihm, einen Höhenunterschied von etwa 670 Metern zu überwinden, zwischen Hausach und St. Georgen verlängert er kunstlich die Strecke durch Kehren, um die Steigung überwinden zu können. Führt die Bahn an steilen Schluchten vorbei von der Rheinebene in die Höhen des Schwarzwalds, dann wieder abwärts Richtung Bodensee. Dabei konstruiert er nur eine einzige größere Brücke, einen Viadukt, und führt die Bahn 149 Kilometer weit durch 37 Tunnel, es ist eine der brückenärmsten Gebirgsbahnen der Welt.

Das Höllental mit Bahnlinie im Südschwarzwald um 1900.

In kühnen Kurven geht es durch eine noch heute atemberaubende Landschaft, die eine Reise mit der Schwarzwaldbahn zu einem unvergesslichen Erlebnis macht. Von Offenburg kommend, geht die Fahrt langsam ansteigend durch das Kinzigtal bis nach Hausach, vorbei an den Gengenbacher Weinbergen, an Wiesen und Städtchen. In Hornberg führt die Schwarzwaldbahn über den »Reichenbach-Viadukt«. Richtung Triberg wird es wieder kurvig, Schwarzwaldhöfe, Wiesen und dunkle Wälder wechseln sich ab. Bis St. Georgen rattert die Bahn stetig bergauf, dann nach Villingen und über die hohe, weite Ebene der Baar, bis es durch den Hegau nach Singen geht.

Die spektakulär schönen Panoramen sind allerdings damals nicht das Hauptziel gewesen. Für die meisten der etwas abgelegenen Gemeinden, die man bis dahin nur per Kutsche erreichen konnte, ist sie der Schlüssel zur Industrialisierung. Vor allem die Uhrenindustrie, die in vielen kleineren Werkstätten im Schwarzwald über die Jahrzehnte gewachsen ist, braucht den Verkehrsanschluss, um die Ware kostengünstig zu den Käufern bringen zu können. Besonders die Orte, die einen Bahnhof bekommen, wie St. Georgen, Triberg, Hornberg, Villingen und Donaueschingen, profitieren davon. Deswegen will die badische Regierung auch nicht, dass die Bahn durch das württembergische Schramberg fährt, denn die dortige, »ausländische« Uhrenindustrie ist eine heftige Konkurrenz für die badische. Sorgsam hat die Regierung auch darauf geachtet, dass die Bahn nicht allzu nah an württembergischen Städten vorbeiführt, sie wollte die Schwaben nicht am Verkehrsvorteil teilhaben lassen.

Gerwigs zweiter Geniestreich ist noch spektakulärer: die Höllentalbahn, die er ab 1882 baut. Sie muss zwischen Freiburg und Donaueschingen auf der zwölf Kilometer kurzen Strecke zwischen Himmelreich und Hinterzarten einen Höhenunterschied von 441 Metern überwinden und eine Steigung von 57 Promille – es ist noch heute die steilste Hauptstrecke Deutschlands. Gerwig gelingt es mit neun Tunneln und vielen Viadukten, unter anderem dem »Ravenna-Viadukt«, der 222 Meter lang und 42 Meter hoch ist. Die Steigung ist so heftig, dass die Lok es zunächst aus eigenem Antrieb nicht schafft, und bergab wäre sie völlig haltlos ins Tal gerast. Erst durch ein zusätzliches Zahnradgetriebe wird die Fahrt sicher, aber auch kompliziert: In Himmelreich und Hinterzarten muss der Zug 20 Jahre lang von Normalbetrieb auf Zahnräder umgestellt werden, erst 1901 sind die Bremsen der Loks leistungsstark genug, dass auf die Zahnräder verzichtet werden kann. Am 23. Mai 1887 eröffnet der badische Großherzog Friedrich I. die Strecke von Freiburg nach Neustadt. Und weil auch diese Strecke atemberaubend schön ist mit gigantischen Ausblicken in den Schwarzwald und seine Täler hinein, werden schon damals zwei Aussichtswagen angehängt. Das erlebt das Genie Gerwig nicht mehr, er stirbt bereits 1885.

Bahnwärterhaus an der Höllentalbahn um 1900.

Schwarzwaldklinik

Natürlich ist sie kitschig, natürlich ist sie trivial. Sollte sie ja auch sein. Nur so konnte die »Schwarzwaldklinik« so erfolgreich werden: eine Kultserie, die »Mutter aller deutschen Arztserien« mit Professor Klaus Brinkmann als Klinikchef. Ab 1985 läuft sie, hat Einschaltquoten von mehr als 60 Prozent: Die Zuschauer wollen eine heile Welt und Protagonisten, über die sie den Kopf schütteln können. »Heile Welt hat immer Konjunktur«, sagt der Serien-Erfinder und Produzent Wolfgang Rademann einmal.

Das Erfolgsgeheimnis lag wahrscheinlich darin, dass das Genre im Fernsehen relativ neu war – in Amerika boomte es schon, und ein paar Jahre vorher zeigte die ARD die erfolgreiche tschechische Serie »Das Krankenhaus am Rande der Stadt«: Die Serie gilt als »Mutter der Krankenhausserien« und war Vorbild für die »Schwarzwaldklinik«. Und auch das Gebiet trägt zum Gelingen bei: Der Schwarzwald war schon einmal das Sehnsuchtsland aller Deutschen – im »Schwarzwaldmädel« wurde ihnen schon in den 50er-Jahren eine heile Welt vorgegaukelt …

Dieses Mal sind es aber nicht die hübschen Schwarzwaldmädel mit ihren Bollenhüten, sondern eine Klinik im Glottertal, die die Menschen anzieht und verzaubert, 70 Episoden lang. Die Außenkulisse für die Schwarzwaldklinik ist das Sanatorium Glotterbad, 1913 und 1914 erbaut und noch heute in Betrieb, als psychosomatische Akutklinik. Der Schwarzwald, die Wälder, Wiesen und Berge – die Innenaufnahmen finden allerdings alle in Hamburg statt, in einem Studio. Familie Brinkmann wohnt natürlich in einem typischen Schwarzwaldhaus, die Außenkulisse dafür ist das Heimatmuseum Hüsli in Grafenhausen. Der Ort, in dem sich die Schwarzwaldklinik befindet, ist durch Schiltach im Kinzigtal verbildlicht, Drehorte sind der Marktplatz und die Gerbergasse der Altstadt. In einer Episode gibt es einen Banküberfall, der wird in der Gemeinde Schluchsee gedreht, manche Szenen am Titisee. Dummerweise zeigen die Serienmacher im Abspann Bilder aus den Alpen – die Zuschauer sind empört.

Die Brinkmanns also, eine Musterfamilie. Der Vater Klaus ist der Patriarch, Professor und Chefarzt der Schwarzwaldklinik, sein Sohn Udo, Chirurg wie er und an der Klinik angestellt, ist ein Hitzkopf, der flotte Autos

Der Carlsbau im Glottertal war Drehort für die »Schwarzwaldklinik«.

chen lässt, hat er dann eine Affäre mit der deutschen Gutsbesitzerin Maria Rotenburg. Christa Brinkmann studiert nach der Hochzeit Medizin und wird Chirurgin, später geht sie ans Biologisch-Medizinische Institut in Konstanz. Klaus wird eifersüchtig, der gemeinsame Sohn psychosomatisch krank, die Mutter kündigt ihre Stelle, wie es sich gehört, und kehrt zurück. Udo ist natürlich attraktiv, ein Journalist charakterisierte ihn einmal so: »Mittelscheitel, Schlafzimmerblick, offenliegendes Brusttoupet« und lobte dann, wie er »ebenso elegant wie unfallfrei über die Motorhaube auf den Fahrersitz eines Golf Cabrio« hüpfen kann. Ein stürmisches Temperament, die Heirat mit der Anästhesistin Dr. Katarina Gessner, das Ende der Ehe, die Affäre mit dem Kindermädchen der Tochter Angie, die an Leukämie stirbt, eine Zeit in Afrika, wo er von Aufständischen gefangen gehalten wird, eine Affäre mit Schwester Elke, der Tod seiner Frau Katarina an Blutvergiftung, eine Schießerei in Hamburg … ja, bei Udo ist was los.

Die Anästhesistin Dr. Elena Bach, unglücklich verliebt in Klaus, stirbt bei einem Autounfall. Der junge Assistenzarzt Dr. Engel verliebt sich erst in Schwester Elke, die in einen Stuntman verliebt ist, der dann stirbt, dann in Schwester Ina. Dr. Schübel ist ein passionierter Spieler und Frauenheld, immer wieder pleite, verlässt seine Frau für Christas Freundin Anna Marschner. Oberschwester Hildegard Zeisig kommandiert alle herum, bis sie selbst operiert werden muss, der Verwaltungsdirektor ist gewis-

liebt, und ein Frauenheld. Das gibt natürlich Konflikte. Aber die sind natürlich dafür da, dass sie gelöst werden. Meist vom weisen Chefarzt und gütigen Vater – so sind nun einmal die Klischees.

Das fängt damit an, dass Udo in Krankenschwester Christa verliebt ist, aber sein Vater und sie werden ein Paar. In Amerika, wo er sich nach einem Herzinfarkt untersu-

senhaft und trifft später in der Schwarzwaldklinik seine lange verloren geglaubte Ehefrau und Tochter wieder. So in etwa – ganz normale Konflikte, die jeder Zuschauer sofort verstehen kann, auch wenn sie ins Schnulzige und Irreale gedreht werden: Wenn eine Person zu sehr aus der Rolle fällt, stirbt sie halt. Denn auch das Drehbuch ist nicht frei von Klischees, die Dialoge schon mehr als hölzern. Vieles davon kann Klausjürgen Wussow ein bisschen ausgleichen, immerhin ist er Burgschauspieler gewesen, in großen tragenden Rollen. Armin Mueller-Stahl hat diese Rolle abgelehnt. Sascha Hehn als Udo kam vom Traumschiff, aber viele andere Schauspielerinnen waren vorher kaum bekannt: Gaby Dohm als Christa Mehnert oder Eva Maria Bauer als Oberschwester Hildegard Zeisig.

Es gibt aber auch Einbrüche von Realität in die Seifenoper: In der Folge »Gewalt im Spiel« wird eine Vergewaltigung und die darauffolgende Selbstjustiz gezeigt. Die Bundesprüfstelle für jugendgefährdete Schriften setzt die Folge auf den Index. Die Folge »Steinschlag« wird daraufhin vom Sender gar nicht erst ausgestrahlt: Das ZDF befürchtet Proteste wegen des Themas Kindesmisshandlung. Erst eineinhalb Jahre später, als die erste Staffel wiederholt wird, wird »Steinschlag« gezeigt.

Zwei Konsequenzen hatte der Erfolg: Zum einen wurden Arztserien in Deutschland sehr beliebt, es folgten Arzt- und Krankenhausserien wie »Frauenarzt Dr. Markus Merthin«, »Dr. Stefan Frank – Der Arzt, dem die Frauen

vertrauen«, »OP ruft Dr. Bruckner« – aber keine konnte an die Schwarzwaldklinik anknüpfen: einer der größten deutschen Fernseherfolge, bis zu 28 Millionen Zuschauer verfolgten sie wöchentlich. Und der Tourismus im Schwarzwald boomte, vor allem im Glottertal, wo die Menschen Professor Brinkmann und Udo treffen wollten: In der Sommersaison 1987 und 1988 wurden über 200 000 zusätzliche Gäste gezählt, die wegen der Schwarzwaldklinik da waren.

Im Heimatmuseum Hüsli in Grafenhausen wohnte Professor Brinkmann.

Spaghettieis

Natürlich: Bei süßen badischen Spezialitäten denkt jeder zuerst an die Schwarzwälder Kirschtorte, Kenner noch an den Dambedei. Aber an Spaghettieis? Doch, doch – das Spaghettieis ist eine badische Erfindung. Der Erfinder ist ein Mannheimer, Dario Fontanella.

Nudeln mit einer würzigen Tomatensauce und etwas (oder manchmal auch sehr viel) frisch geriebenem Parmesan: eine der einfachsten und leckersten Speisen der Welt. Spaghettieis sieht genauso aus, die Portionen sind meist etwas kleiner, die Zutaten sind Vanilleeis, Erdbeerpüree, Sahne und weiße Schokoladeraspeln. Die Sahne muss allerdings schön knacken. Erst dann ist es das Original.

Es war 1969, als Dario Fontanella, 18 Jahre alt, in Cortina d'Ampezzo bei einem Skirennen ein Dessert namens »Mont Blanc« isst und einen genialen Geistesblitz hat. Dabei werden Esskastanien püriert und durch eine Spätzlepresse gedrückt, sie sehen dann aus wie lange Schnüre oder Spaghetti, und werden zu einem Berg geformt, eben dem Mont Blanc, dem Weißen Berg. Nudeln kennt Fontanella, schließlich haben die Italiener sie erfunden (eigentlich waren es die Chinesen, aber das lassen wir mal dahingestellt sein). In den Osterferien 1969 probiert er, in der Eisdiele seines Vaters in Mannheim eine Eiskreation in den Farben der italienischen Flagge zu kreieren, wie der klassische Insalata caprese mit Tomaten, Mozzarella und Basilikum: Er nimmt Pistazien-, Zitronen- und Erdbeereis und macht daraus Eisnudeln. Das Ergebnis ist eine grausig graue Eispampe, außerdem hat er nicht bedacht, dass die Spätzlepresse eiskalt sein muss. Sein Vater meinte, er habe noch nie farbige

Spaghettieis aus Baden.

Gegenüberliegende Seite: Eisspaghetti aus der Presse.

Nudeln gesehen (es gibt sie allerdings: Paglia e fieno mit grünen Nudeln oder die mit Tintenfischtinte schwarz gefärbten Nudeln) und schlägt dann Vanilleeis vor, das sei ja schon hell wie Spaghetti. Es klappt wunderbar. Jetzt fehlt noch die Tomatensauce: Dario experimentiert erst mit Himbeeren, bis er schließlich mit Erdbeermus zufrieden ist. Und für den Käse raspelt er ein weißes Schokoladen-Osterei. Fertig ist das Spaghettieis. Als sich die Kunden dann noch Sahne dazu wünschen, tüftelt Dario so lange, bis er auf die Idee kommt, die Sahne knackig und gefroren unter das Eis zu legen.

Es soll auch das erste Mal gewesen sein, dass ein Eis nicht als Kugel oder wie in Italien gespachtelt serviert wurde, sondern in einer neuen Form.

Die Gelateria Fontanella wurde 1906 von Darios Großvater, Michelangelo Fontanella, in Conegliano bei Venedig gegründet. 1931 geht Michelangelos Sohn Mario nach Deutschland, um in der Nähe von Hannover eine Eisdiele zu eröffnen. 1933 zieht es ihn nach Mannheim, hier fühlt er sich im milden Klima, der herrlichen Umgebung mit den vielen Weinbergen, seiner Geschichte und seiner Eleganz an Italien erinnert. In den »engen Planken« in P 5 eröffnet er das erste Geschäft in der Kurpfalz. Er verliebt sich in die Deutsche Renate, seine vier Kinder Dario, Denise, Enzo und Claudio wachsen in Mannheim auf und lernen von ihren Eltern deutsche Gründlichkeit und italienische Phantasie. Nach seinem großen Erfolg

mit dem Spaghettieis tritt Dario 1970 in den elterlichen Betrieb ein und übernimmt 1985 das Geschäft.

Wie für seine Eltern und Großeltern ist auch für Dario gute Qualität wichtig, um ein »Gelato artigianale« herzustellen – so heißt das Eis in Italien im Gegensatz zu dem verpackten Eis, das man in jeder Bar kaufen kann: »Ich bin immer auf der Suche nach besseren Produkten, die unsere vielen Eisvarianten zu einem noch größeren Geschmackserlebnis bringen können«, sagt Dario: Haselnüsse aus dem Piemont, Zitronen, Orangen, Limetten und Pistazien aus Sizilien, Safran aus dem Iran, die Valrhona-Schokolade aus Frankreich, Milch und Sahne aus Berchtesgaden.

900 Mark hätte damals ein Patent gekostet, viel Geld Ende der 60er-Jahre. Dario hat es sich lange überlegt, sein Vater und ein Rechtsanwalt überzeugten ihn, es zu lassen. Dann wäre er jetzt ein reicher Mann. Vielleicht. So ist er trotzdem berühmt als der Erfinder eines der beliebtesten Eisbecher Deutschlands. Und das Original gibt

es nur in Mannheim, bei Fontanella. Und nicht nur das: Über 200 ausgesuchte Eiskompositionen bieten sie an, allein zehn Variationen an Schokoladeneis, vier Zitroneneisversionen. Oder mildes Zabaglioneeis marmoriert mit Nüssen, Joghurteis mit Amarena-Kirschen aus Vignola, Malagaeis mit Rum aus Jamaika, Wein aus Südspanien und Riesenrosinen aus Chile, Erdbeer-Basilikum-, Oliven- oder Tomaten-Basilikum-mit-Aceto-balsamico-Eis.

Und so kann man es zu Hause selbst machen. Oder wenigstens ausprobieren:

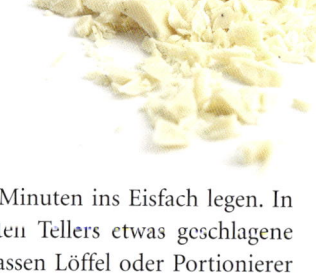

Zutaten für zwei Personen:
4 Kugeln Vanilleeis
400 Gramm Erdbeeren
etwas Zucker
100 Gramm Schlagsahne
etwas weiße Schokolade

Die Spätzlepresse circa 15 Minuten ins Eisfach legen. In die Mitte eines vorgekühlten Tellers etwas geschlagene Sahne geben. Mit einem nassen Löffel oder Portionierer eine Kugel Vanilleeis in die Spätzlepresse geben, durchdrücken und die Eisnudeln auf dem Teller anrichten. Die gewaschenen und entkelchten Erdbeeren mit etwas Zucker pürieren und über die Eisspaghetti geben. Am Schluss die weiße Schokolade über die Nudeln reiben.

»Da muss i jetzt au die Verantwortung übernehme, des isch klar.« So hörte es sich an, als Jogi Löw 2018 in einem Interview über die bittere Niederlage der deutschen Nationalmannschaft redete. Kein Zweifel: ein Badener. Einer der erfolgreichsten. Nicht als Fußballspieler, da hat er immer wieder den Verein gewechselt, spielte nacheinander für Freiburg, Stuttgart, Frankfurt, Karlsruhe, Freiburg und in der Schweiz: in Schaffhausen, Winterthur und Frauenfeld. Als Bundestrainer war er dann nicht mehr so sprunghaft, unter ihm wurde die deutsche Mannschaft zweimal Vizeeuropameister (2008, 2012) und einmal Weltmeister (2014).

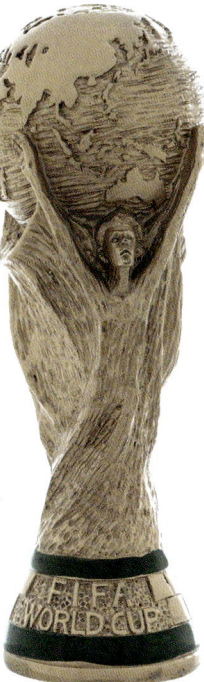

FIFA-WM-Pokal 2014.

Wie Löw, der 1960 in Schönau geboren ist, kommen auch zwei seiner Vorgänger aus dem Ländle: Ottmar Hitzfeld und Sepp Herberger. Hitzfeld, geboren 1949 in Lörrach, wurde als Spieler und als Trainer jeweils zweimal Schweizer Meister und siebenmal Deutscher Meister als Trainer, führte 1997 Borussia Dortmund zum Gewinn der UEFA Champions League, gewann sie 2001 mit dem FC Bayern München.

Walther Bensemann organisierte als Pionier von Karlsruhe aus den Fußballsport in Süddeutschland.

Titelblatt des ersten »Kicker« vom 14. Juli 1920.

Der Kicker

Nummer 1 – 14. Juli 1920.

Aus Karlsruhe's Glanzzeit.

Die Kickers 1894.
W. Bensemann (1), Haß (3), Fr. Langer (2), E. Schreiber (4), J. Schricker (5), König (6), E. Langer (7), Grenier (8), Roth (9), Strauss (10), Moormann (11).

Der K. F. V. 1899.
Von links nach rechts: Bader, Heck, Kistner, W. Langer, Altenhein, Jüngling, E. Langer, F. Langer, Gutsch, Wetzler, Ruzek.

Das Fußballspiel wurde übrigens zwar in England erfunden, nach Deutschland kam der spätere Massensport über den südlichen Nachbarn: Schon ab 1855 wurde er in der Gegend um den Genfer See von Engländern an Privatschulen ausgeübt, der FC St. Gallen wurde 1879 ebenfalls von englischen Studenten gegründet. Von dort ging es durch ganz Europa. In Karlsruhe war es ein 16-jähriger jüdischer Gymnasiast, der den Fußballsport begründete: Walter Bensemann. Auf einer englischen Schule in Montreux hatte er den Mannschaftssport kennengelernt und ließ sich 1889 einen Fußball nach Karlsruhe schicken. In der Zehn-Uhr-Pause zerschoss er mit seinen Kumpels ein Fenster, sie wurden daraufhin von Direktor Wendt »auf den kleinen Exerzierplatz, ›Engländerplatz‹ genannt« geschickt: »Hier hatten zwei Jahre vorher einige Engländer sowie Gymnasiasten, zu denen auch Prinz Max von Baden gehörte, Rugby gespielt.« Wenige Tage danach gründeten sie den Karlsruher Football-Club. Viele Vereine entstanden in der badischen Hauptstadt und lösten sich schnell wieder auf: Fußball-Verein, Kickers, Phönix, Franconia, Alemannia, Fidelitas, Badenia … 1920 gründete Bensemann die Zeitschrift »Kicker«. Zuvor war er Mitbegründer der Vereine in Straßburg, Baden-Baden, Freiburg, Heidelberg, Mannheim, Marburg, (Eintracht) Frankfurt und (Bayern) München. 1933 floh er in die Schweiz.

Der Karlsruher FC Phönix überlebte und wurde 1889 und 1909 sogar Deutscher Meister. Schon damals gab es Stars unter den Spielern: Emil Oberle und Robert Neumaier, Karl Wegele und Otto Reiser wurden ab etwa 1909 in die Nationalmannschaft gerufen. Auch der Karlsruher Fußballverein, 1891 gegründet und noch heute tätig, gehörte zu den Spitzenvereinen, wurde achtmal Süddeutscher Meister, zweimal Deutscher Vizemeister (1905 und 1912) und 1910 Deutscher Meister. Die Spieler Max Breunig, Hermann Bosch, Fritz Förderer, Gottfried Fuchs, Wilhelm Gros, Julius Hirsch und Ernst Hollstein spielten auch in der Nationalmannschaft. Hirsch war 1912 an dem sensationellen 16:0-Erfolg gegen Russland beteiligt, Fuchs schoss allein zehn Tore gegen Russland. Da sie Juden waren, wurden sie 1933 aus dem Verein geworfen – ausgerechnet die Sportvereine vertraten die antisemitische Naziideologie als Erste. In dieser Zeit machte Sepp Herberger (1897 in Mannheim-Waldhof geboren) Karriere in den »gleichgeschalteten«

deutschen Vereinen. Er wurde 1936 Reichstrainer einer »judenfreien« Mannschaft, ab 1950 Bundestrainer, 1954 wurde die deutsche Mannschaft Weltmeister in Bern.

Nach dem Krieg wurde der KSC gegründet, der 1955 und 1956 den DFB-Pokal gewann und etwa zehn Jahre in der Bundesliga erfolgreich war. Unter dem Trainer Winfried Schäfer kamen Spieler wie Oliver Kahn, Jens Nowotny und Mehmet Scholl in die Mannschaft. Danach ging es bergab, 2018 dümpelt er in der 3. Liga herum.

1997 wurde anlässlich des 100. Geburtstags von Sepp Herberger eine Sonderbriefmarke gedruckt.

Dieter Thoma aus Hinterzarten war in den 1990er-Jahren einer der besten Skispringer der Welt.

Auch in anderen Sportarten taten sich Badener hervor: Der 1937 in Hinterzarten geborene Georg Thoma gewinnt 1960 bei den Olympischen Winterspielen die Goldmedaille in der Nordischen Kombination, 1964 Bronze und wird dreimal Deutscher Meister im Skispringen. In Hinterzarten baut er ein Skimuseum, durch

Und auch die beiden berühmtesten Tennisspieler Deutschlands kommen aus Baden: 1967 wird in Leimen Boris Becker geboren, 1969 in Mannheim Steffi Graf. Sie wird von ihrem Vater trainiert und gilt lange als »Wunderkind«, gewinnt 22 Grand-Slam-Turniere und hält mit 377 Wochen den Rekord bei der Führung in der Tennis-Weltrangliste. 1988 siegt sie bei allen vier Grand-Slam-Turnieren sowie den Olympischen Spielen und gewinnt als erste und bisher einzige Tennisspielerin den Golden Slam. So viel Ruhm bringt auch Häme und Spott mit sich: 1992 nimmt die Gruppe »Die angefahrenen Schulkin-

Die Karlsruherin Lina Radke siegte als erste deutsche Frau bei Olympischen Spielen, im 800-Meter-Lauf in Amsterdam 1928.

Beim Lauf in Amsterdam: Lina Radke (rechts) und Hitomi Kinue.

das er selbst führt. Sein Neffe Dieter Thoma (geboren 1969) ist 1994 Olympiasieger im Skispringen.

Oder Lina Radke, 1903 in Karlsruhe geboren, führende deutsche Mittelstreckenläuferin: Sie gewinnt 1926 bei den deutschen Meisterschaften über 1000 Meter, danach läuft sie ständig Weltrekordzeiten und erhält 1928 im 800-Meter-Lauf die Goldmedaille, die erste für deutsche Frauen seit Beginn der Olympischen Spiele 1896. Die Disziplin wurde danach abgeschafft, weil die Männer an der Spitze meinten, Frauen seien damit überfordert. Mehr als 100 Meter durften sie nicht laufen, bis 1960.

Steffi Graf, eine der erfolgreichsten Tennisspielerinnen der Geschichte, stammt aus Brühl.

Der Leimener Boris Becker auf einer Briefmarke aus Paraguay.

Die Box-Weltmeisterin Regina Halmich aus Karlsruhe nach ihrer sportlichen Laufbahn.

der« das Lied »I Wanna Make Love to Steffi Graf« auf, es wird beschlagnahmt. Graf ist Gründerin und Vorsitzende der Stiftung »Children for Tomorrow«, die sich um traumatisierte Kinder in aller Welt kümmert.

Becker, für seine spektakulären körperlichen Einsätze beim Spiel bekannt, ist bis heute der jüngste Wimbledon-Sieger in der Geschichte. Er gewinnt 49 Turniere im Einzel – sechs Grand-Slam-Turniere, dreimal in Wimbledon – und 15 Titel im Doppel. Heute

arbeitet Becker im professionellen Pokerspiel. In die Schlagzeilen geriet er durch Affären, eine Verurteilung wegen Steuerhinterziehung und Insolvenzverfahren.

Schlagkräftig ist auch die Karlsruherin Regina Halmich (1976 geboren), sie ist von 1995 bis 2007 Weltmeisterin im Boxen im Junior-Fliegengewicht, 1998 und 2000 Weltmeisterin im Fliegengewicht, und bleibt das bis zu ihrem Abschiedskampf vom Profiboxen gegen Hagar Shmoulefeld Finer (Israel) 2007 in Karlsruhe-Rheinstetten. Es ist ihr 56. Profikampf. Sie arbeitete danach als Fernseh-Comoderatorin bei Boxkämpfen, zweimal kämpfte sie

als Show gegen den Fernsehmoderator Stefan Raab, hatte Gastauftritte in Fernsehserien, posierte für den Playboy und engagiert sich unter anderem für das Deutsche Kinderhilfswerk und gegen Gewalt gegen Frauen.

Die schlechte Nachricht zuerst: Es gibt keine badische Sprache. Das wird jetzt wahrscheinlich allen Badenern weh tun, aber es ist so: Es gibt Kurpfälzisch, Südfränkisch, Niederalemannisch, Mittelalemannisch, Hochalemannisch, Schwäbisch und Ostfränkisch, aber kein Badisch.

Schuld haben natürlich die anderen, in diesem Fall die Franken. Zur Zeit der Völkerwanderung – ja, so weit müssen wir schon zurückgreifen – waren die Alemannen, die hier im Südwesten wohnten, in Volksstämmen oder kleinen Reichen organisiert und kämpften lieber gegeneinander als gegen die Franken aus dem Norden. Sodass die nach und nach die Alemannen unterwerfen und den Norden (also die Gegend um Karlsruhe bis an Oos und Murg) mit fränkischen Bauern besiedeln konnten. Den Alemannen blieb nichts anderes übrig, als sich anzupassen, auch in der Sprache. Und die südlichen Alemannen passten sich an eine gallorömische Bevölkerung an mit ihrem romanischen Dialekt.

Bis heute besteht diese Sprachgrenze. Südlich von Oos und Murg wird das Niederalemannisch der Ortenau gesprochen, der nördlichste Dialekt des Alemannischen, nördlich davon die südlichste der rheinfränkischen Mundarten. »Zwoi woichi Ojer in oinere Roj« heißt es in der Gegend um Karlsruhe, Pforzheim, Bruchsal und im Kraichgau, während man nördlich von Wiesloch und Hockenheim und von da ins Neckartal Kurpfälzisch spricht,

in einem Dialekt, der dann in die Mundarten von Odenwald und Bauland übergeht. Das ist zwar auch Rheinfränkisch, aber »onnaschda«. Dazu kommt ein schwäbischer Einschlag auf der Baar, am Bodensee und um Pforzheim. Und wie das immer bei Dialekten ist, sind sie nicht einheitlich: Oft werden von Dorf zu Dorf andere

Der Freiburger Sprachwissenschaftler Friedrich Kluge war einer der Initiatoren des Badischen Wörterbuchs.

Die Oos in Baden-Baden.

nationale Badener nicht will, dass die baden-württembergische Flagge auf dem (dem Land gehörenden) Karlsruher Schloss weht.

Immer wieder gibt es Bestrebungen, den Dialekt wieder zu fördern. Früher wollten viele Eltern den Kindern den Dialekt abgewöhnen, aus Angst vor Problemen in der Schule, sei es, dass sie in Deutsch nicht mitkommen, sei es, dass sie als »Bauern« verspottet und gehänselt werden. Heute wird wieder verstärkt Dialekt gesprochen, es gibt mehr Dialektdichter, und es gibt dialektale Internetseiten. Zum Beispiel bei Wikipedia, wo man begrüßt wird mit: »Guete Dag un willkumme uf dr alemannische Wikipedia! Di frej Enzyklopedi, wu alli kenne mitschaffe.« Wikipedia ruft zur Mitarbeit all derer auf, »wu eppis in ihrem Dialäkt wän bitrage. (...) Alli sin härzlig iiglade mitzmache.« Bis jetzt gibt es, pardon: bis »jetz het s bi dr alemannische Wikipedia 24 840 Artikel«.

Es gibt auch andere Internetseiten, die auf Alemannisch zurückgreifen, zum Beispiel die Seite des Freiburger SC. Da gibt es Sachen für »Kerli, Maidli, fir d' Kleini, Stadion un uswärts, däheim«, »des un sell«, »Badnerland«, »Kruuschtelkischd« und »frisch iitroffe«. Unter dem Punkt »Kerli« findet man »Trikots un so«, »Hemmli un so«, »Pullis un Kittel«, »anderi Kleider« und »modischi Sächeli«. Im Shop gibt es außerdem »Uffbäbber«, »Käppli un Kappe«, »Fähnli«, »Schals«, »Aasteckerli« und Sachen fürs »Velo, Audo un so«. Erstellt hat die Formulierungen

Wörter benutzt, die Aussprache ist ein wenig anders, oder die Grammatik verschiebt sich ein bisschen. So spricht man im Breisgau etwas anders als im Markgräflerland, am Bodensee anders als am Hochrhein, das Hochalemannisch in Südbaden ist eng verwandt mit schweizerdeutschen Dialekten, und im Kurpfälzischen heißt es manchmal »hoom«, manchmal »hääm«, manchmal »haam«, wenn es nach Hause geht. In der badischen Hauptstadt wird also ein fränkischer Dialekt gesprochen. Das lässt aber der badische Nationalstolz nicht zu, ebenso wie der

der Linguist Tobias Streck: »Die Marketingabteilung des SC Freiburg hat mich Mitte Mai 2017 kontaktiert. Die Idee war, im Rahmen eines Fanprojekts die regionale Verwurzelung des Vereins zu unterstreichen.« Nur bei den Wörtern »Zimmerfahne und »Multifunktionstuch« hat er kapituliert.

Streck ist außerdem Bearbeiter des »Badischen Wörterbuchs«. Denn obwohl es kein Badisch gibt, sondern Fränkisch und Alemannisch, gibt es dieses »Badische Wörterbuch«. Seit 1914 wird hier der Wortschatz der hoch- und niederalemannischen, der südfränkischen und kurpfälzischen Dialekte (in Baden) gesammelt. »Badisch« heißt es nur aus pragmatischen Gründen, weil es um die Dialekte in Baden geht, in den Grenzen von 1806. Seit 2009 wird am abschließenden fünften Band gearbeitet. Drei Freiburger Professoren, Friedrich Kluge, Friedrich Pfaff und Elard Hugo Meyer kamen auf diese Idee, Mundartsammler und -forscher beteiligten sich. Tobias Strecks »Intention ist, die gesamten Dialekte, die im ehemaligen Großherzogtum Baden gesprochen werden, möglichst umfassend darzulegen. Das betrifft im Prinzip alle Wörter, die in diesem Gebiet vorkommen. Das Ganze wird im Wörterbuch auf der lautlichen Ebene beschrieben; es geht um die verschiedenen Aussprachevarianten. Und natürlich geht es um die Bedeutungen: Wie in einem Bedeutungswörterbuch werden die verschiedenen Nuancen und der Gebrauch der Wörter in den Artikeln dargelegt.

Es werden Hinweise zur sprachgeschichtlichen Entwicklung der Wörter gegeben – und auch volkskundliche Hinweise.« Und so kann man auch erfahren, dass sich die Dialekte wandeln, dass zum Beispiel der ch-Laut (wie in Chind, chalt, choche, chrumm, Chnecht, troche, starch und so weiter) sich im äußersten Südwesten Badens langsam auflöst: »Es kann nicht von einem grundsätzlichen Dialektabbau gesprochen werden, sondern viele Sprecher verfügen über mehrere verschiedene Varianten eines Wortes und verwenden diese auch nebeneinander.«

Das Tal der Murg bei Gernsbach-Obertsrot: Ungefähr entlang von Murg und Oos verläuft die Sprachgrenze zwischen Fränkisch und Alemannisch.

Universitäten

»Wir Ruprecht der elter etc. bekennen etc., daz wir meister Marsilius von Inghen zu unserm pfaffen gewonnen haben und daz er uns getruw und holt sin sal, unsern schaden zu warnen und unser bestes zu werben, und auch daz er uns unsere Studium zu Heidelberg ein anheber und regirer und dem forderlich for sin sal« ... Geschrieben »anno domini m.ccc.lxxx.sexto«. So begann die erste Universität Deutschlands: in Heidelberg.

Auf dem Heidelberger Universitätsplatz: Löwenbrunnen mit dem Wappentier der Kurpfalz.

Gegenüberliegende Seite: Bibliothek der Ruprecht-Karls-Universität Heidelberg, der ältesten Deutschlands.

Gebildet war im Mittelalter nur eine winzige Schicht, nicht die Bauern, auch nicht einmal unbedingt die Adligen, selbst manche Könige konnten weder lesen noch schreiben. So bekannte »Ruprecht der elter« (Pfalzgraf Ruprecht I.) einmal: »Litteris ignoramus« – »Wir sind ohne schriftliche Bildung«. Belesen waren vor allem Theologen und Mönche: Von den Klöstern ging die Bildung aus, ab dem 11. Jahrhundert auch von den Domschulen, den Vorläufern der heutigen Schulen und Forschungseinrichtungen. In den Klosterbibliotheken wurden Texte prächtig und phantasievoll illustriert und alte Schriften aufbewahrt: nicht nur christliche Bücher, sondern auch Bücher von Griechen und Römern, von Arabern, Persern und Juden. Viele galten Ende des Mittelalters als verschollen und werden erst später wiederentdeckt. So findet Poggio Bracciolini, Sekretär von Papst Johannes XXIII., 1417 in Fulda den einzigen erhaltenen Text von Lukrez' »De rerum natura« – ein grandioser Fund und Mitauslöser für die Renaissance.

Ab dem 11. Jahrhundert entsteht in Westeuropa eine neue Form der Lehranstalt: die Universität (in Arabien gibt es sie schon seit 200 Jahren). In Bologna 1130, Paris 1200, etwas später in England und Spanien, 1348 in Prag. Dann kommen die ersten deutschen dazu: 1386 in Heidelberg, 1457 in Freiburg, 1473 in Trier, 1477 in Mainz und

tem, das auf Abhängigkeiten beruhte. Oft verwalteten sie sich selbst, hatten eine eigene Verfassung und eigene Einkünfte, zum Beispiel aus Landbesitz. Sie waren international: Viele Deutsche gingen, bevor es die Heidelberger Universität gab, nach Paris, wo über tausend Studenten aus Italien, Spanien, Portugal, Griechenland und Kleinasien und natürlich Frankreich studierten. Diese intellektuelle Dynamik, der freie Austausch mit anderen Kulturen und die gemeinsame Forschung hatten großen Einfluss auf die weitere Entwicklung Europas. Alle Studenten und Lehrer sprachen Latein, es war die Gelehrtensprache der Zeit.

Diese erste deutsche Gründung war auch eine politische Entscheidung: Die katholische Kirche war gespalten, hatte zwei Päpste, Urban VI. in Rom und Clemens VII. in Avignon. Damit war ein Studium für deutsche Theologen in Paris problematisch geworden, die deutschen Studenten sollten nicht die Lehren des falschen Papstes lernen. Denn die Theologie der damaligen Zeit war hochpolitisch: Die Kleriker berieten die Herrscher und deren Vertreter auf Konzilen, zum Beispiel Pfalzgraf Ruprecht III., als er König des Deutschen Reiches war. Auch Kurfürst Ludwig III., Stellvertreter des Kaisers, wurde auf das Konstanzer Konzil von drei Theologen und drei Juristen als Beratern begleitet.

Mit vier Fakultäten beginnt der Lehrbetrieb in der Kleinstadt Heidelberg mit ihren 3000 Einwohnern: die sieben freien Künste als Vorstudium, Grammatik, Rhe-

Tübingen. Von elf Universitäten, die es in Deutschland gibt, stehen allein fünf im Südwesten.

Die Universitäten waren anders als heute: Mit wenigen Ausnahmen wie etwa Paris waren es kleine Institutionen mit vier oder fünf Lehrern und einer Handvoll Studenten. Es waren Verbände, in denen sich Lehrer und Verwalter mit einem gegenseitigen Eid (»coniuratio«) zusammenschlossen, damit gehörten sie nicht mehr zum Lehnssys-

Reform-Universität Konstanz,
1966 gegründet.

torik, Dialektik, Arithmetik, Geometrie, Musik, Astronomie, danach im Hauptstudium Theologie, Jura und Medizin. 400 Jahre lang sind das die einzigen Fächer in Heidelberg, bis Philologie und Pädagogik dazukommen, 1891 auch die Naturwissenschaften. Nur drei Lehrer unterrichten anfangs, Marsilius von Inghen, Heilmann Wunneberg aus Worms und Reginaldus von Alna. Aber schon wenig später, 1390, wird es voll: 185 Studenten haben sich eingeschrieben, vor allem aus Süddeutschland. Und da brauchte es auch mehr Professoren. Frauen waren nicht zugelassen, nicht für die nächsten 600 Jahre.

Viele philosophische Auseinandersetzungen wurden in Heidelberg geführt, wie die zwischen »Realismus« und »Nominalismus«: Der »Realismus« stützt sich auf Thomas von Aquin und Albertus Magnus und behauptet, die benutzten Begriffe sind identisch mit den Dingen, die sie bezeichnen. Der »Nominalismus« sagt, dass Begriffe nur gedankliche Abstraktionen sind und nichts mit den Dingen zu tun haben. Es war aber kein echter theoretischer Streit: Es ging nur um die Macht der Kirche. Denn wenn die Einheit der Dreifaltigkeit (Gottvater, Gottsohn, Heiliger Geist) real ist, hat die Kirche eine größere Macht, als wenn sie nur eine abstrakte Idee, eine unverbindliche Meinung ist. 1452 stellt sich die Universität dann auf die Seite des Nominalismus. Aber das geht Friedrich I. zu weit und er bestimmt, dass beide Lehren gleichberechtigt behandelt werden müssen.

Aus den Regeln, die für Studenten aufgestellt, immer wieder neu verfasst und erweitert werden, kann man sehen, wie sie sich wohl verhalten haben: Den Studenten wird nächtliches Geschrei verboten, Vermummungen, Einbruch, Jagd auf Schweine und Gänse der Heidelberger, Diebstahl in Weinbergen und Obstgärten oder Fluchen. Kein Wunder, dass es auch Karzer für jene Studenten gab, die sich nicht an die Regeln gehalten hatten. In der 1457 in Freiburg gegründeten Universität ging es wohl ähnlich zu, auch wenn es in der Stiftungsurkunde heißt, man will »mit andern christlichen Fürsten graben helfen den Brunnen des Lebens, daraus von allen Enden der Welt unversiegbar geschöpft werde erleuchtendes Wasser tröstlicher und heilsamer Weisheit, zu Erlöschung des verderblichen Feuers menschlicher Unvernunft und Blindheit«.

Die nächste Hochzeit der Universitätsgründungen war im 19. Jahrhundert, mit dem Aufstieg der Naturwissenschaften, und dann nach dem Zweiten Weltkrieg. In Karlsruhe wird 1825 die Ingenieurschule zu einer technischen Hochschule ausgebaut, um die Ausbildung der beamteten Techniker und Offiziere auf ein höheres Niveau zu bringen. 1907 wird die städtische Handelshochschule in Mannheim gegründet, 1967 in Universität umbenannt, 1966 wird die Universität Konstanz gegründet. Die Namen der berühmten Männer (und Frauen), die an den badischen Universitäten studiert oder gelehrt haben, würden einige Seiten füllen …

Dass die Badener, wie ihre pfälzischen Nachbarn, gern und viel essen und trinken, ist bekannt. Dass sie gern Gutes trinken, wohl auch. Was liegt da näher, als das selber anzubauen, was man dann auch trinken will. Und so gibt es aus Baden ganz hervorragenden Wein. Kein Wunder, denn Baden, die oberrheinische Tiefebene, ist das wärmste und sonnenreichste Gebiet Deutschlands.

Zusammen mit den ausreichend vorhandenen Sommerniederschlägen ergibt sich ein besonderes Wohlfühlklima für die Weinreben: Die Trauben können hervorragend Zucker bilden und hohe Anteile an Mineralstoffen aus dem Boden über den Rebstock aufnehmen – beste natürliche Bedingungen für die Erzeugung qualitativ hochwertigster Weine.

Es ist fast wie am Mittelmeer: »Hier fängt Deutschland an, Italien zu werden«, soll Kaiser Joseph II. im Frühjahr 1764 bei einem Besuch an der Badischen Bergstraße begeistert ausgerufen haben. Schon dort im hohen Norden Badens schützt der Odenwald die Region vor kalten Ostwinden.

Angebaut werden Müller-Thurgau, Grauer und Weißer Burgunder, Riesling und Gutedel. Der Burgunder in so hoher Qualität, dass Baden inzwischen zu den bedeutendsten Spätburgunderanbaugebieten der ganzen Welt gehört. Chardonnay, Grauburgunder, Grüner Silvaner, Muskateller, Regent, Sauvignon blanc, Pinot Meunier, Pinot noir – die Auswahl ist groß. Und dann sind da noch

Badischer Wein – Von der Sonne verwöhnt!

ein paar außergewöhnliche Weine dabei, zum Beispiel der Schwarzriesling in Tauberfranken und der Auxerrois im Kraichgau.

Das liegt zunächst an den Böden: Sie reichen vom tiefgründigen Löß und Lößlehm bis zu den Gesteinsverwitterungsböden aus Porphyr, Granit, Gneis und teils auch Buntsandstein, was dem Riesling und dem Spätburgunder gefällt – ein Bergsträßer Spätburgunder kann zur echten Weinpersönlichkeit mit Aura werden.

Die älteste Weinregion ist der Bodensee. Schon 884 pflanzt Karl III., ein Urenkel Karls des Großen, im Königsweingarten in Bodman den ersten Spätburgunder. Noch heute wächst die Traube hier gut, sie liebt den Schwemmsandboden des Hochrheintals. Auch die Müller-Thurgau-Weine (von einem Herrn Müller im Thurgau entwickelt) sind dank der speziellen klimatischen und geologischen Voraussetzungen der Bodenseeregion, vor allem durch das milde Klima, das der große See mit sich bringt, eine Klasse für sich.

Im Kaiserstuhl (die wärmste Region Deutschlands überhaupt) wird circa ein Drittel aller badischen Weine gekeltert. Breisgau, Kraichgau zwischen Bruchsal und Wiesloch, Markgräflerland, Ortenau mit dem südlichsten Riesling und opulenten Burgunderweinen, die häufig ausgezeichnet werden, Tauberfranken, wo der Wein sogar noch in den typischen, traditionellen Flaschen, den Bocksbeuteln, verkauft wird, und Tuniberg – das sind die Weinanbaugebiete mit unverwechselbaren Charakteristika, auch im Wein, der je nach Region unterschiedlich schmeckt.

Die meisten badischen Familienweingüter haben sich inzwischen zu Winzergenossenschaften zusammengeschlossen, um ihre Produkte werbeintensiver und günstiger vermarkten zu können. Auch das hat Tradition: Der erste Winzerverein in Baden ist am 20. Oktober 1881 in Hagnau am Bodensee gegründet worden und ist heute mit rund 52 Winzerfamilien und einer 166 Hektar großen Rebfläche der größte genossenschaftliche Weinbaubetrieb am Bodensee. Der Initiator war Heinrich Hansjakob: Für ihn war die Genossenschaft wichtig als Bollwerk gegen die Willkür der Weinhändler, die die Preise diktierten und die Winzer gegeneinander ausspielten. Zudem war der Winzerberuf durch die notwendige Nebenerwerbslandwirtschaft, den Schädlingsbefall durch Mehltau und den harten Winter 1879/1880 bedroht.

Das Weinland Baden ist vor allem für seinen Spätburgunder bekannt.

Gegenüberliegende Seite: Jubiläumsweinfässer des Winzervereins Hagnau.

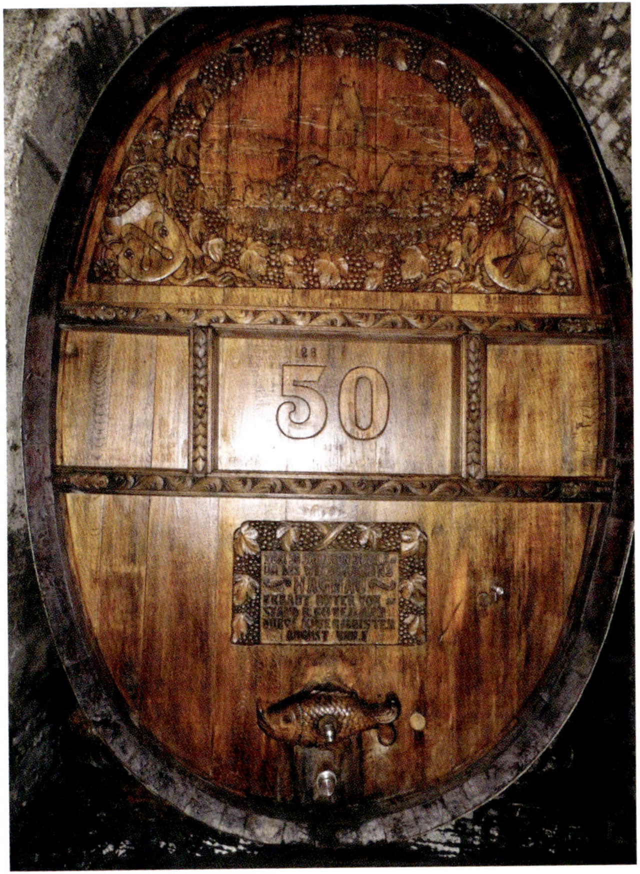
50

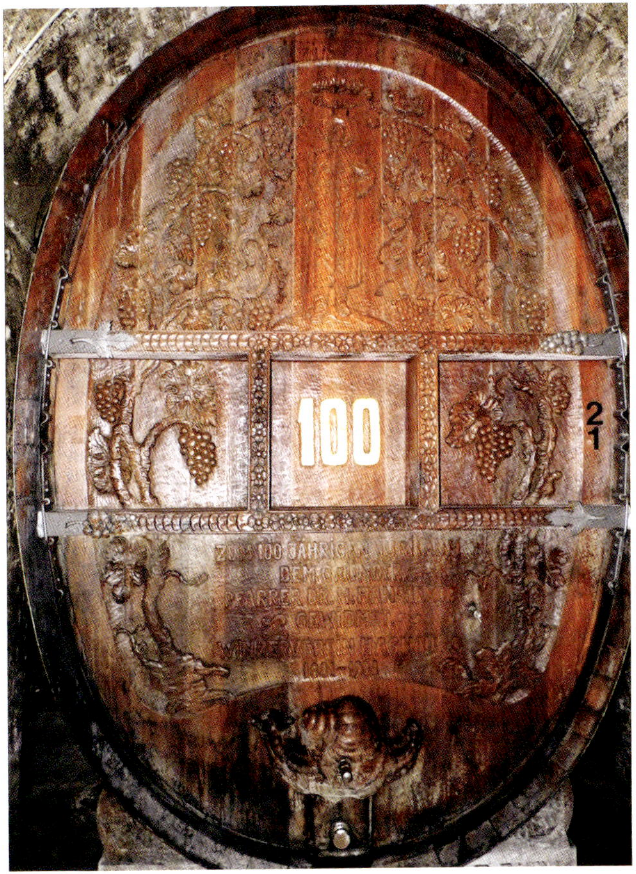
100
2
1

Weinbau am Schlossberg von Staufen im Markgräflerland.

Naturwissenschaften sind im Mittelalter noch kein richtiges Fach. Natürlich wird die Natur beobachtet, es werden Schlüsse gezogen, aber für eine richtige Wissenschaft fehlen noch die Grundlagen: Vieles ist Spekulation oder eine Mischung aus Wissen und Glauben. Das beste Beispiel dafür ist die Suche nach dem Stein der Weisen, der unedles Metall angeblich in edles, vor allem Gold und Silber verwandeln konnte – in China ist es das Elixier der Unsterblichkeit, das nicht wenige Kaiser beim Selbstversuch tötet.

Erst am Ende des Mittelalters beginnt die vorurteilsfreie Erforschung der Welt, zunächst lebensgefährlich, wie Giordano Bruno feststellen muss, der als Ketzer verbrannt wird. Oder Galileo Galilei, der abschwören muss – nach einer Anekdote soll er irgendwann gesagt haben: »Und sie bewegt sich doch«, nämlich die Erde.

Als sich die Forschung von der Kirche löst, geht es aufwärts. Die Humanisten bereiten den Boden, und im 19. Jahrhundert werden für einige Universitäten die Naturwissenschaften bestimmend, gerade auch in Baden. Hier lehren und forschen einige der klügsten Köpfe. Vor allem die Technische Hochschule in Karlsruhe, ab 1967 Universität, heute Karlsruher Institut für Technologie KIT, spielt immer wieder eine herausragende Rolle. Sie geht aus drei Instituten hervor, die zusammengelegt wurden: die Bauschule des Architekten Friedrich Weinbrenner, die Ingenieurschule, von Johann

Mit einem Klangsyntheseapparat untersuchte Hermann von Helmholtz die Sprachlaute.

Denkmal für Heinrich Hertz im Ehrenhof des KIT.

Gottfried Tulla 1807 gegründet, und die Realklassen des Karlsruher Lyzeums. 1825 nimmt sie ihren Betrieb auf. Großherzog Ludwig fordert, dass angewandte Wissenschaft unterrichtet wird, »zum künftigen Gebrauch in dem Leben und für das Leben«. Bei ihrer Gründung steht sie übrigens auch »Ausländern« offen, also Hessen oder Württembergern, und untersteht direkt dem Innenministerium – man will von Anfang an »international« denken, forschen und lehren. 1832 von Carl Friedrich Nebenius reformiert und in fünf Fachschulen gegliedert (Bauschule, Ingenieurwesen, Höhere Gewerbeschule, Forstschule und Handelsschule), heißt sie 1865 intern bereits Technische Hochschule, 1885 auch offiziell.

1841 kommt Ferdinand Redtenbacher aus Zürich und entwickelt das Fach Maschinenbau, Karl Weltzien im selben Jahr die Chemie. 1858 findet ein erster großer Ärztekongress in Karlsruhe statt, an dem neben Rudolf Virchow und Hermann von Helmholtz auch die Chemiker Justus von Liebig und Robert Wilhelm Bunsen teilnehmen. 1860 wird in Karlsruhe der erste Chemikerkongress Deutschlands mit internationaler Beteiligung abgehalten – drei Tage werden neue Theorien erörtert und die formale und theoretische Systematik der Chemie diskutiert: Die Internationalisierung der Chemie beginnt damit in Baden.

1886 beweist Heinrich Hertz die Existenz der elektromagnetischen Wellen und erzeugt sie als erster Physiker experimentell. Er erkennt dabei, dass sich diese unsichtbaren Wellen mit der gleichen Geschwindigkeit ausbreiten wie Lichtwellen, und es gelingt ihm, elektromagnetische Wellen von einem Sender zu einem Empfänger zu schicken. Das ist bis heute die Grundlage für Telegrafie, Radio, Fernsehen und Internet. Logischerweise richtet die Universität Karlsruhe die erste Fakultät für Informatik in ganz Deutschland ein. Und ebenso folgerichtig wird 1984 die erste transatlantische E-Mail nach Karlsruhe verschickt. Sie wird in Cambridge (Massachussetts) abgeschickt und kommt einen Tag später (!) bei Werner Zorn, dem Leiter der Fakultät, und seinem Mitarbeiter Michael Rotert an. Der Betreff lautet: »Wilkomen in CSNET!« (es gibt noch kein Rechtschreibprogramm), und sie beginnt mit den Worten: »Michael, This is your official welcome to CSNET.«

Hertz untersucht zudem den äußeren Photoeffekt, der 1905 für Albert Einstein eine wichtige Rolle bei der Formulierung der Lichtquantenhypothese spielt.

Die Liste der Professoren, die in Karlsruhe berühmt wurden, und ihrer Entdeckungen und Erfindungen ist lang: vom Nobelpreisträger und

Das Polytechnikum von 1825, heute Karlsruher Institut für Technologie (KIT).

Ferdinand Redtenbacher begründete in Karlsruhe den wissenschaftlichen Maschinenbau.

Giftgasentwickler Fritz Haber über den Begründer des theoretischen Maschinenbaus Franz Grashof bis zu Götz Werner und Reinhold Würth in den Wirtschaftswissenschaften – selbst der Physiker Edward Teller, einer der Väter der Atombombe, hat in Karlsruhe studiert.

Die Universität Mannheim ist berühmt für ihre Wirtschaftswissenschaften: Ab 1907 bis in die 30er-Jahre bildet die städtische Handelshochschule junge Kaufleute aus und ergänzt das Programm mit Vorlesungen in Philosophie, Geschichte, Kunst und in den Naturwissenschaften, Psychologie und Pädagogik. 1946 als staatliche Wirtschaftshochschule wiedergegründet, ist sie dieser Tradition treu geblieben.

Zehn Nobelpreisträger in Freiburg, und zwar fast ausschließlich für Naturwissenschaften – das spricht dafür, dass die in den Geisteswissenschaften exzellente alte Universität auch in anderen Fächern herausragend ist (die Karlsruher Uni hat nur sechs). Der erste war der Pforzheimer Heinrich Wieland 1927, der zweite Adolf Windaus ein Jahr später.

Die ehrwürdige Universität von Heidelberg war ebenso rührig: In der Zusammenarbeit von Robert Bunsen, Gustav Kirchhoff und Hermann von Helmholtz erleben die Naturwissenschaften eine ihrer Sternstunden, als 1845 Kirchhoff die Regeln zur Beschreibung der Abhängigkeit von Spannung, Strom und Widerstand im Stromkreis aufstellt – das Fundament für die gesamte Elektrotechnik. Mit Bunsen entdeckt er 1861 bei der Spektralanalyse des Mineralwassers die Elemente Caesium und Rubidium, und sie legen eine der wesentlichen Grundlagen der Astronomie. Das Kirchhoff'sche Strahlungsgesetz führt später zur Quantenphysik.

Helmholtz, ab 1858 Professor für Physiologie, formuliert den Energieerhaltungssatz, beschäftigt sich mit den medizinischen Grundlagen der optischen und akustischen Physiologie, mit Fragen der theoretischen Physik und Mathematik. Er entwickelt einen Apparat zur Messung der Nervenleitgeschwindigkeit an Fröschen, erfindet Geräte zur Messung des Auges (Farbensehen, Hornhautkrümmung), entwickelt eine physiologische Grundlage für die Theorie der Musik, eine Verbindung von Thermodynamik und Elektrochemie und eine Theorie des kreativen Prozesses. Ein wahres Universalgenie. Einer seiner Assistenten ist Wilhelm Wundt, der Begründer der modernen Psychologie.

Die Universität Mannheim im Schloss.

Wyhl und die Grünen

Zwei Ereignisse, die die politische Nachkriegswelt veränderten, finden in Baden statt: die friedliche Besetzung des Bauplatzes in Wyhl am Kaiserstuhl und die Gründung der Grünen als Partei in Karlsruhe. Damit rückte die ökologische Frage ganz ins Bewusstsein der Deutschen: Die Auseinandersetzung um das Atomkraftwerk machte deutlich, was für den einzelnen Bürger auf dem Spiel stehen kann, und die Grünen sind die parlamentarische Ergänzung einer außerparlamentarischen Opposition.

Sie sind so erfolgreich, dass sie eine Legislaturperiode lang sogar in der Bundesregierung sitzen, deutschlandweit in wechselnden Koalitionen regieren und landesweit viele Bürger- und Oberbürgermeister stellen (vor vielen Jahren schon zum Beispiel in Konstanz und Freiburg), mit Winfried Kretschmann in Baden-Württemberg sogar den ersten Ministerpräsidenten: In einer Umfrage 2018 ist er der beliebteste Ministerpräsident in ganz Deutschland.

Begonnen hat es, weil der damalige Regierungschef Hans Filbinger eine Vision hatte: Er, seit 1966 Ministerpräsident von Baden-Württemberg und vorher schon engagiert für die badischen Belange, will das Oberrheintal zu einem riesigen Industriezentrum ausbauen. Dreizehn neue Atomkraftwerke sollen gebaut werden, fünf davon allein zwischen Mannheim und Basel. Als bekannt wird, dass eines in die Nähe von Breisach soll, kommt es zu Massenprotesten und 65 000 Einsprüchen. Daraufhin wird es nach Wyhl am Nordrand des Kaiserstuhls verlegt. Aber auch hier geht der Plan nicht auf: Die Winzer und Bauern haben Angst, dass die Luftfeuchtigkeit zunimmt und die Sonnenzeiten abnehmen, sie fürchten um ihre Existenz als Winzer des berühmten Kaiserstühler Weins und gründen 21 lokale Bürgerinitiativen. Filbinger gibt nicht nach und sagt in seiner Regierungserklärung am 27. Februar 1975 den denkwürdigen Satz: »Ohne das Kernkraftwerk Wyhl werden zum Ende

des Jahrzehnts in Baden-Württemberg die ersten Lichter ausgehen.« Im Protokoll des Landtags ist damals schon »Lachen« notiert worden.

Der Kampf der Einheimischen um ihre Gesundheit, ihr Leben und ihre Tradition wird europaweit verfolgt.

Im Februar 1975 besetzen die Wyhler den Bauplatz, um zu verhindern, dass einfach zu bauen angefangen wird. Zwei Tage später wird der Platz geräumt, aber kurz darauf kommen die Wyhler zurück. Neun Monate dauert die Besetzung, die Besetzer organisieren Informations- und

Die Grünen Otto Schily und Petra Kelly bei einer Pressekonferenz 1983.

Kulturveranstaltungen. Veranstalten Hearings, geben eine Zeitung heraus und gründen die »Volkshochschule Wyhler Wald«, um sich weiterzubilden, handfeste Argumente gegen die Experten zu haben. Sie zeigen, dass so ein Kampf gewaltlos geführt werden kann, und sie machen der Öffentlichkeit klar, welche ökologischen Folgen Großprojekte haben können und dass es neben den wirtschaftlichen Überlegungen (Profit, Arbeitsplätze, Steuern et cetera) auch um Lebensqualität und Bewahrung der Umwelt geht.

Bis 1983 zieht sich die juristische Auseinandersetzung hin. Den Platz haben die Wyhler schon 1976 freiwillig geräumt, weil die Landesregierung eingelenkt und den Bau gestoppt hat. 1983 erklärt Filbingers Nachfolger Lothar Späth, man brauche das Atomkraftwerk Wyhl sowieso nicht: Die Lichter seien nicht ausgegangen, sie würden auch in Zukunft nicht ausgehen. Filbinger selbst musste 1978 seinen Rücktritt erklären: In der Zeitung »Die Zeit« war er angegriffen worden, weil er als »Hitlers Marinerichter« noch nach Kriegsende »einen deutschen Matrosen mit Nazi-Gesetzen verfolgt« habe, deswegen ein »furchtbarer Jurist« sei. An vier Todesurteilen war er beteiligt, die er zunächst abstreitet, bis er sagt, sich nicht mehr erinnern zu können. Als er wegen seiner Ungeschicklichkeit auch den Rückhalt in seiner Partei verliert, tritt er am 7. August 1978 zurück.

Der erfolgreiche Widerstand in Wyhl hatte noch eine andere Wirkung. Seit dem Krieg gab es vier Parteien, die in den Parlamenten die Geschicke bestimmten, CDU, CSU, SPD und FDP. Nach einigen Jahren in der außerparlamentarischen Opposition gründet sich im Januar 1980 in Karlsruhe eine neue Partei: »Die Grünen« (später »Bündnis 90 / Die Grünen«). Sofort ziehen sie mit 5,6 Prozent in den baden-württembergischen Landtag ein, bei der nächsten Wahl kommen sie auf über 8 Prozent der Wählerstimmen. Drei Jahre später werden sie auch in den Bundestag gewählt, der sich damit erstmals seit 1961 wieder aus fünf Parteien zusammensetzt, 1998 bis 2005 bilden die Grünen mit der SPD zusammen die Bundesregierung.

Damit ist die politische Landschaft ein für allemal verändert. Der Erfolg der »Grünen« gibt auch anderen den Mut, Parteien zu gründen: die AfD, die Piraten … Manche von ihnen verschwinden nach kurzer Zeit wieder in der Bedeutungslosigkeit, andere können sich halten und sogar die etablierten fünf überholen.

Zwangsvereinigung mit den Schwaben

Das erregt noch heute die Gemüter so mancher Badener: dass Baden gegen seinen eigenen Willen durch einen Abstimmungstrick (sagen die Kritiker) zu Württemberg geschlagen und so 1952 zu einem Land wurde, das seine Geschicke nicht mehr selbst bestimmen kann. Sondern von Stuttgart aus, von den bösen Schwaben, regiert wird. Auch wenn da was dran ist, nach über 60 Jahren könnte es dann ja auch mal gut sein. Aber da ist der Badener sehr eigen: Diese »Zwangsvereinigung« schafft es immer wieder, dass er sich empört.

Zum Beispiel gab es 2018 eine große Aufregung und eine Unterschriftensammlung, weil auf dem Karlsruher Schloss die badische Flagge nicht wehen durfte: Das ist Gesetz. Nun ist das Schloss nicht nur im Besitz des Landes, sondern das Land, also auch die bösen Schwaben, bezuschusst sowohl die laufende Arbeit als auch die großen Landesausstellungen. Das könnten die Badener allein gar nicht stemmen. Dennoch: Die badische Flagge musste her!

Dabei ist die Idee eines gemeinsamen großen und starken Südweststaats nicht einmal neu. Bereits 1918 überlegt die damalige provisorische Regierung von Baden, sich mit Württemberg zusammenzutun. Theodor Heuss, der spätere erste Bundespräsident, schreibt 1919: »Ich kann mir gut vorstellen, dass Württemberg und Baden einen ganz anständigen Staat zusammengeben.« Und tatsächlich gibt es schon gemeinsame Aktivitäten: So hat das südwestdeutsche Arbeitsamt, zuständig für Baden und Württemberg, seinen Sitz in

Die badische Flagge.

Auf dem Karlsruher Schloss war 2018 wieder zeitweilig die badische Flagge aufgezogen.

über die Zukunft des auseinandergerissenen Landes und einigen sich darauf, dass man entweder eines oder zwei Länder bilden, aber die Bevölkerung darüber abstimmen lassen sollte. Maier und Müller sind für den gemeinsamen Staat, ebenso die SPD und die FDP, auch Heinrich Köhler, der Karlsruher Landesbezirkspräsident. Die Südbadener wollen die alten Länder Baden und Württemberg wiederherstellen, zumindest Baden. Schließlich gebe es eine »badische Kultur«, eine gemeinsame Geschichte.

1949, die Bundesrepublik war gegründet, kämpft man dann um die Modalitäten der Abstimmung, denn je nachdem, wie die vor sich geht, sind Macht- und Zahlenverhältnisse unterschiedlich: Die CDU will in Baden und Württemberg getrennt abstimmen lassen, die SPD in allen vier Ländern: Nordbaden, Südbaden, Württemberg-Baden und Württemberg-Hohenzollern. Die Ministerpräsidenten lassen schließlich erst einmal eine Probeabstimmung in allen vier Ländern durchführen: In Südbaden ergibt sich eine satte 60-Prozent-Mehrheit für die alten, getrennten Länder, ganz Baden zusammengenommen hat immerhin noch ein winziges Plus von 18 614 Stimmen (1,66 Prozentpunkte) für die alten Länder. Der Rest und damit die Mehrheit ist für die Zusammenlegung.

Die Bundesregierung entscheidet 1951, dass die Abstimmung in allen vier Ländern durchgeführt und die Ergebnisse zusammengerechnet werden: Das wird klar eine Zusammenlegung ergeben. Wohleb klagt dagegen vor

Stuttgart. 1934 macht das Nazigesetz, das die Landtage aufhebt, diesen Gedankenspielen ein Ende.

Nach dem Krieg werden die Länder neu gebildet, von den Besatzern. Südbaden, von den Franzosen besetzt, wird lose mit Württemberg-Hohenzollern verbunden. Dort kommt 1946 auch die Idee auf, Südbaden sei das »badische Kernland«, wahrscheinlich wegen der Zähringer im 12. Jahrhundert. Nordbaden ist 1946 schon von den amerikanischen Besatzern mit Württemberg vereint worden, mit Stuttgart als Hauptstadt.

Im August 1948 lädt Reinhold Maier, Regierungschef von Württemberg-Baden in Stuttgart, seine Kollegen Leo Wohleb (Südbaden, Freiburg) und Gebhard Müller (Württemberg-Hohenzollern, Tübingen) ein. Sie beraten

dem Bundesverfassungsgericht, aber da er keine Mehrheit bekommt (sechs Verfassungsrichter stimmen dafür, sechs dagegen), ist es entschieden. Theodor Heuss übersetzt dem Latinisten Leo Wohleb Vergils Satz »Quidquid id est, timeo Danaos, et dona ferentes« mit »Denne Schwobe kannsch nit traue, au wenn se nette Leit sin.«

Am 9. Dezember 1951 ist es dann so weit, und wie die Probeabstimmung fällt auch die jetzige aus: Knapp 70 Prozent sprechen sich für den gemeinsamen Südweststaat aus. Einzeln genommen, wäre das Ergebnis anders gewesen: Nord- und Südbaden zusammen genommen, sind gut 52 Prozent für Baden, in Südbaden sogar 62 Prozent. Alle Proteste nutzen nichts: Am 29. April 1952 wählt die Verfassunggebende Versammlung den ersten Ministerpräsidenten Reinhold Maier, im Mai werden die alten Länder aufgelöst, im November 1953 tritt die Verfassung in Kraft.

Aber das ist noch nicht das Ende des Streits: 1956 beantragt der »Heimatbund Badnerland« eine Revision und setzt eine Volksabstimmung durch: »Der Wille der badischen Bevölkerung ist durch die Besonderheit der politisch-geschichtlichen Entwicklung überspielt worden. (…) Bei der Abstimmung haben (…) ›zwei Bevölkerungen‹, die badische und die württembergische, in der Weise abgestimmt, dass die zahlenmäßig stärkere die schwächere majorisieren konnte. Es war also eine Abstimmung, in der die badische Bevölkerung gerade nicht selbst bestimmen konnte, in welchem staatlichen Verband sie künftig leben will.« Die Volksabstimmung wird aber immer wieder verschleppt, 14 Jahre lang, bis das Verfassungsgericht sie dann endlich für 1970 anordnet. Und jetzt stimmen 81 Prozent für Baden-Württemberg: Man hat sich abgefunden und eingerichtet.

Um zu zeigen, dass die »Stuttgarter« Landesregierung sich auch um Baden kümmert, erhalten erst die badischen Gemeinden Kehl, Freiburg, Breisach und Neuenburg finanzielle Unterstützung für den Wiederaufbau und die Konsolidierung ihrer Gemeinden, danach der Hotzenwald und der badische Odenwald, erst später auch das schwäbische Hohenlohe.

Die Republik Baden bestand von 1918 bis 1945.

Museen von A bis Z

Archäologisches Landesmuseum Baden-Württemberg
Benediktinerplatz 5
78467 Konstanz
(0 75 31) 9 80 40
www.konstanz.alm-bw.de

Archäologisches Museum Colombischlössle
Rotteckring 5
79098 Freiburg im Breisgau
(07 61) 2 01-25 74
www.freiburg.de

Badisches Landesmuseum
Schloßbezirk 10
76131 Karlsruhe
(07 21) 9 26 65 14
www.landesmuseum.de

Burg Meersburg
Schlossplatz 10
88709 Meersburg
(0 75 32) 8 00 00
www.burg-meersburg.de

Dr. Carl Benz Car Museum
Ilvesheimer Straße 26
68526 Ladenburg
(0 62 03) 18 17 86
www.automuseum-dr-carl-benz.de

Droste-Museum Fürstenhäusle
Stettener Straße 11
88709 Meersburg
(0 75 32) 8 07 94 10

Erfatal-Museum Hardheim
Schlossplatz 6
74736 Hardheim
(0 62 83) 58-0
http://www.erfatal-museum.de

Hebelhaus Hausen
Bahnhofstraße 1
79688 Hausen im Wiesental
(0 76 22) 68 73-13
www.hebelhaus-hausen.de

Heimat- und Grimmelshausenmuseum
Hauptstraße 32
77704 Oberkirch
(0 78 02) 82-109
www.oberkirch.de

Hesse Museum Gaienhofen
Kapellenstraße 8
78343 Gaienhofen
(0 77 35) 44 09 49
www.hesse-museum-gaienhofen.de

Hochrheinmuseum

Schloss Schönau im Schlosspark
79713 Bad Säckingen
(0 77 61) 22 17
www.bad-saeckingen.de

Kunsthalle Mannheim

Friedrichsplatz 4
68165 Mannheim
(06 21) 2 93 64 23
www.kuma.art

Kurpfälzisches Museum der Stadt Heidelberg

Hauptstraße 97
69117 Heidelberg
(0 62 21) 58-3 40 20
www.museum-heidelberg.de

Museum Freihof

Hansjakobstraße 17
77716 Haslach im Kinzigtal
(0 78 32) 47 15
www.haslach.de

Museum Frieder Burda

Lichtentaler Allee 8b
76530 Baden-Baden
(0 72 21) 3 98 98-0

Museum Haus Dix

Otto-Dix-Weg 6
78343 Gaienhofen
(0 77 35) 93 71 60
www.kunstmuseum-stuttgart.de

Museum Johannes Reuchlin

Schloßberg 14
75175 Pforzheim
(0 72 31) 39 37 79
www.pforzheim.de

Museum Reichenau

Ergat 1 + 3
78479 Reichenau
(0 75 34) 99 93 21
www.museumreichenau.de

Narrenmuseum Niggelturm

Hauptstraße 39
77723 Gengenbach
(0 78 03) 57 49
www.narrenmuseum-
niggelturm.de

Oberrheinisches Tabakmuseum

Kirchstraße 4
77972 Mahlberg
(0 78 25) 84 38-0
www.tabakmuseum-mahlberg.de

Pfinzgaumuseum

Pfinztalstraße 9
76227 Karlsruhe
(07 21) 1 33 42 22
www.karlsruhe.de

Reiss-Engelhorn-Museen

Museum Weltkulturen D5
68159 Mannheim
(06 21) 2 93 31 50
www.rem-mannheim.de

Residenzschloss Rastatt
Herrenstraße 18-20
76437 Rastatt
(0 72 22) 97 83 85
www.schloss-rastatt.de

**Schwarzwälder Freilichtmuseum
Vogtsbauernhof**
77793 Gutach (Schwarzwaldbahn)
(0 78 31) 9 35 60
www.vogtsbauernhof.de

Schwarzwaldmuseum Triberg
Wallfahrtstraße 4
78098 Triberg
(0 77 22) 44 34
www.schwarzwaldmuseum.de

Simplicissimus-Haus
Hauptstraße 59
77871 Renchen
(0 78 43) 7 07 11
www.simplicissimushaus.de

Staatliche Kunsthalle Karlsruhe
Hans-Thoma-Straße 2-6
76133 Karlsruhe
(07 21) 9 26 26 96
www.kunsthalle-karlsruhe.de

**Staatliches Museum für
Naturkunde Karlsruhe**
Erbprinzenstraße 13
76133 Karlsruhe
(07 21) 1 75 21 11
www.smnk.de

Technoseum
Museumstraße 1
68165 Mannheim
(06 21) 42 98-9
www.technoseum.de

Universitätsmuseum Heidelberg
69117 Heidelberg
Grabengasse 1
(0 62 21) 54-75 42
www.uni-heidelberg.de

Zähringer Museum
Schlossstrasse 22 (Neues Schloss)
76530 Baden-Baden
(0 72 21) 9 30
www.baden-baden.de

**Zentrum für Kunst und Medien
(ZKM)**
Lorenzstraße 19
76135 Karlsruhe
(07 21) 81 00-0
www.zkm.de

Bildnachweis

Ewa Studio (shutterstock): S. 5
Stockcreations (shutterstock): S. 6
Pixelk: S. 7
Nnattalli (shutterstock): S. 8
Bäderstadt: S. 9
floeschie: S. 10
Andreas Praefcke: S. 11, 13 rechts, 139
F Delventhal: S. 12
blue-news.org: S. 13 links
Rudolf Stricker: S. 17
Rufus46: S. 18
Friedrichsen: S. 21
Gemeinfrei: S. 22
Martin Dürrschnabel: S. 23, 86, 134
Harald Steffen (shutterstock): S. 29
E.O. (shutterstock): S. 30
Frank Vincentz: S. 31
Asemaghbari: S. 32
Roffle: S. 33 unten
Hidemozart (shutterstock): S. 34
Heinrich Stürzl (shutterstock): S. 34 rechts
Michaelheim (shutterstock): S. 35
SchiDD: S. 37, 61
I, Kerish: S. 39
PanthaRhei: S. 40, 76
Markus Wolter: S. 41
Sönke Kraft: S. 42
stu120 (shutterstock): S. 43
Aksana Yasiuchenia (shutterstock): S. 45
Genet: S. 46 unten
RobertK: S. 47
Dorothy Appleyard: S. 48
Ibentäler: S. 49
PosiNote (shutterstock): S. 50

antonella.lussardi (shutterstock): S. 52
Miriam Doerr Martin Frommherz
    (shutterstock): S. 52
simm49 (shutterstock): S. 53
Mattes: S. 54
Gemeinfrei: S. 55
H. Zell: S. 56
Andreas Schwarzkopf: S. 57, 69
Poudou99: S. 58
W. Bulach: S. 59
Beckstet: S. 64
Harke: S. 65
Sebastian Wallroth: S. 66
Jjustas (shutterstock): S. 70
Saltodemata (shutterstock): S. 71
Marcel Derweduwen (shutterstock): S. 74
Zerohund: S. 75 links
PantaRhei: S. 76
Gemeinfrei, GLAK J-Aa K 64: S. 77
Gemeinfrei: S. 79
Gemeinfrei, Immanuel Giel: S. 80
Deutsches Uhrenmuseum,
    Furtwangen: S. 81
ValentinWeber: S. 82
Gemeinfrei: S. 83
Gemeinfrei: S. 85
Gemeinfrei: S. 87
Ballerina 412: S. 89
Gemeinfrei, Google Art Project: S. 90
Günter Josef Radig: S. 92
Gemeinfrei, Historisches Museum
    Basel: S. 93
Wladyslaw: S. 95, 142
Scan aus Christiane Friese: Plakatkunst

1880–1935. Klett-Cotta,
    Stuttgart 1994: S. 96
Gemeinfrei, imgur.com: S. 97
Gemeinfrei, Creative Commons: S. 98
Gemeinfrei, Mondadori Publishers: S. 99
Gemeinfrei: S. 100
Gemeinfrei: S. 101
Thomoesch in der Wikipedia auf Deutsch:
    S. 102
Gemeinfrei: S. 103
Hiroki Ogawa: S. 104
See58: S. 105
Fb78: S. 106
Gemeinfrei: S. 106
Nico Wiedemann: S. 108
Gemeinfrei: S. 109 o. u. u.
Gemeinfrei, Friedrich Kaiser,: S. 110
Gemeinfrei: S. 111
Waldschrat1960: S. 113
Mboesch: S. 114
Gemeinfrei, helveticarchives.ch; Swiss
    National Library, Prints and Drawings
    Department: S. 115
Reinhard Dietrich: S. 117
Gemeinfrei, (LC-DIG-ppmsca-00266 from
    Library of Congress): S. 118
MatzeTrier: S. 121
Tournachon: S. 122
GraceKelly: S. 123
Frank C. Müller: S. 124
Esistimfluss: S. 125
MaraZe (shutterstock): S. 126
Vitalina Rybakova (shutterstock): S. 126
Urbanbuzz (shutterstock): S. 127

Jefferson Bernardes (shutterstock): S. 127
Gemeinfrei: S. 128
FocusStocker (shutterstock): S. 129
Neftali (shutterstock): S. 129
Narongsak Nagadhana (shutterstock): S. 130
Auto1234: S. 130 rechts
Gemeinfrei: S. 131
Arnon Mungyodklang (shutterstock): S. 131
Chris Eason: S. 131 unten
Tatiana Popova (shutterstock): S. 132
Vipflash (shutterstock): S. 132
rook76 (shutterstock): S. 132
Grzegorz Jereczek: S. 135
Oleg Senkov (shutterstock): S. 136
Jan Beckendorf: S. 137
AlterVista: S. 138, 147
Andreas Praefcke: S. 139
Alefat (shutterstock): S. 141
Baden de: S. 143
Heinz K. S.: S. 144
Tamorlan: S. 145
Markscheider: S. 146
Uni Mannheim: S. 149
Gemeinfrei: S. 150
Anne Lund: S. 150
Robert Radke: S. 151
Bundesarchiv, B 145 Bild-F065187-0022 /
    Reineke, Engelbert / CC-BY-SA 3.0: S. 152
Ines Porada (shutterstock): S. 153
Stockphotos RBL (shutterstock): S. 154
Coverbilder: Gemeinfrei;
Kuckucksuhr: Jeanette Dietl/AdobeStock;
Torte: siraphol/123RF;
Klebstoff: UHU GmbH & Co. KG

Wer hat's erfunden?

Jochen Fischer · Sabine Ries

Einfach genial!

Über 40 weltberühmte Erfindungen aus Baden-Württemberg

Täglich nutzen wir geniale Erfindungen aus Baden und Württemberg: Streichhölzer oder den Alleskleber UHU, Dauerwelle oder Plexiglas. Meist ist uns nicht einmal bewusst, dass es Pioniere aus dem Land waren, deren Produkte heute weltweit bekannt und im Einsatz sind. Jochen Fischer und Sabine Ries nehmen die Leser mit auf eine Zeitreise, die mit der Rechenmaschine beginnt und rund 400 Jahre später mit dem Spätzle-Shaker endet, und blicken in die Werkstätten und Ideenschmieden der Tüftler von einst. Mehr als vierzig Schaffer und Denker trotzten Misserfolgen, Risiken, Neid und Kriegen und schufen mit ihren kreativen Geistesblitzen, ihrem Durchhaltevermögen und ihrem starken Willen – mitunter auch mit ihrem letzten Geld – die Basis für den heutigen Wohlstand in Südwestdeutschland. Eine kurzweilige Geschichtsstunde von A wie Automobil bis W wie Windrad.

176 Seiten, ca. 162 Abbildungen, Broschur.
ISBN 978-3-8425-1254-2

SILBERBURG